"할 커닝햄과 아만다 딤페리오 데이비스는 교회와 선교 단체가 지상대사명을 자신의 사역으로 만들기 위해 할 수 있는 방법을 제공합니다. 이 책에는 아시아, 아프리카, 유럽 및 아메리카에서 10년 이상 자문을 통해 얻은 지혜가 담겨 있습니다. 이 책은 효과적인 과정을 보여줍니다. 이 8단계를 배운 사람들은 성경적 기초를 바탕으로 교회에 선교에 대한 동력을 제공하고, 지속 가능한 방식으로 선교사를 타문화에 파송하는, 지상대사명 임무에 참여하는 데 필요한 실제 단계를 제공할 것입니다. 이 8단계는 전 세계 교회가 함께 협력하여, 모든 교회의 비전인 선교 과업을 시작할 수 있는 명확한 과정을 제공합니다."

— 존 브레디, 국제 사역부(Global Engagement)
부총재, 미남침례회 국제선교부 (IMB)

"선교 임무는 거대하고 복잡합니다. '지속적인 선교를 위한 여덟 단계'는 모든 교회가 지상대사명에 참여할 수 있는 전략적 토대를 제공합니다. 이 책은 교회가 선교 과업의 시급성을 이해하고, 문화적 갈등을 극복하는 데 도움을 줍니다. 이전에는 세계의 많은 종족이 오랫동안 선교를 받아온 입장이었지만, 이 책을 통해 이제는 이 종족 교회들이 그리스도를 위해 세계 선교를 하는 일원이 될 수 있는 것에 감사합니다."

— 피터 야네스, 아시아계 미국인 관계 및 동원을 위한 전문 위원
미남침례교단 집행위원(SBC Executive Committee)

"저는 32년 동안 선교를 해왔으며 8단계 워크숍 중 하나를 통해 제가 하는 일을 재평가하게 되었습니다. '제 사역이 성경적인지 아니면 다른 사람의 방법을 따라 하는 것인지?' 저는 선교가 궁극적인 목표가 아닌 교회를 다시는 세우지 않을 것입니다."

— 팔란 라마사미, 부회장, 말레이시아 침례교단

"8단계 과정은 전도 문화를 만들고, 제자 삼고, 지도자를 양성하고, 하나님의 영광을 위해 교인을 훈련해 열방에 선교사를 파송하는 정보를 제공합니다. 우리 교회에서 이러한 파송 문화를 발전시킬 수 있도록 훈련해 주셔서 감사합니다!"

— 랄프 가레이, 국제 교회 개척 전략가, 노스캐롤라이나 침례교 주 총회

"8단계 과정은 상호 작용하고, 적용할 수 있으며, 정보를 제공하며 무엇보다도 교회와 교단에서 선교사를 보내는 귀중한 내용을 다룹니다. 우리가 모두 기쁘게 생각하는 한 가지는 이 책이 아프리카 전역의 다양한 국가에서 선교할 때 활용하고, 적용할 수 있는 정보를 제공한다는 점입니다."

— 다렌 데이비스, 어피니티 리더, 사하라 사막 이남 아프리카, 미남침례회 국제선교부 (IMB)

지속적인 선교를 위한 여덟 단계

지속적인
선교를 위한
여덟 단계

지속적인 선교를 위한 여덟 단계

교회에서 선교지로 다리 놓기

할 커닝햄 &
아만다 딤페리오 데이비스

미남침례회 국제선교부 (IMB)
리치먼드
2022

미남침례회 국제선교부 (IMB)에서 출판
P.O. Box 6767
Richmond, Virginia 23230-0767

http://imb.org

저작권 © 2022 by 미남침례회 국제선교부 (IMB)

판권 소유. 이 책 또는 그 일부는 서평이나 학술지에 짧은 인용문을 사용하는 경우를 제외하고 출판사의 명시적인 서면 허가 없이는 어떠한 방식으로도 복제하거나 사용할 수 없습니다.

이 책의 성경 인용문은 대한성서공회 발행 <성경전서 개역개정판>(2005년 11월 1일 / 4판)을 사용하였습니다.

ISBN: 978 1 7344 7674
편집: 로빈 D. 마틴
책 표지 & 글 디자이너: 에드워드 A. 크로퍼드

* 이 책에서 별표로 표시된 이름과 식별 정보는 보안상의 이유로 변경되었습니다.

이 책은 전 세계에서 복음을 전하는 수천 명의
타문화 선교사들에게 헌정되었습니다.

목 차

머리말 xiii

8단계: 선교지: 선교 과업 정의하기 1

1단계: 목회자: 교회의 비전 확장하기 11

2단계: 지역교회 동원 19

3단계: 교회 사역: 건강한 교회 세우기 25

4단계: 선교사 양성 33

5단계: 타문화 선교를 위한 계획 43

6단계: 타문화 선교사 선발 및 훈련 51

7단계: 동역자 계발 65

결론 73

저자 소개 77

부록 79

목 차

머리말 xiii

8단계: 선교지: 선교 과업 정의하기 1

1단계: 목회자: 교회의 비전 확장하기 11

2단계: 지역교회 동원 19

3단계: 교회 사역: 건강한 교회 세우기 25

4단계: 선교사 양성 33

5단계: 타문화 선교를 위한 계획 43

6단계: 타문화 선교사 선발 및 훈련 51

7단계: 동역자 계발 65

결론 73

저자 소개 77

부록 79

감사의 말

우리는 8단계 과정 중 6단계에서 나오는 '타문화 선교사 평가' 부분의 개발에 참여한 많은 미남침례회 국제선교부 (IMB) 동료들의 공헌에 감사를 표하고 싶습니다. 이러한 초기의 조언은 파송 교회와 선교 단체가 선교사 파송을 할 때 직면하는 많은 어려움을 발견하는 데 도움이 되었습니다. 이 포괄적인 평가 과정은 적합한 사람을, 적합한 시간에, 적합한 장소로 보내는 목표를 달성하는 데 핵심 요소임이 입증되었습니다. 도움을 준 동료는 켈리 데이비스, 테드 데이비스, 밥 디킬스, 앨런 가넷, 래리 개이, 수잔 개이, 조엘 서튼, 앤디 터틀입니다.

머리말

아시아의 한 거대한 도시에서 약 20개국의 주요 선교 단체의 대표자들이 모였습니다. 이 모임은 우리가 참석했었던 가장 독특한 행사 중 하나였습니다. 2012년이었고 우리는 전 세계 선교에 대해 논의하기 위해 모였습니다. 언어와 문화적 차이가 컸지만, 참가자들 사이에는 연합의 정신이 있었습니다. 그 연합 정신은 지상대사명으로부터 나타났습니다. 지상대사명은 모든 교회와 신자들이 "모든 민족을 제자로 삼아라."라는 명령을 온전히 받아들이도록 하신 하나님의 부르심을 말합니다.

공유된 비전은 고무적이었지만, 선교사들이 전 세계에서 직면했던 지속적인 문제는 우리에게 좌절감을 주었습니다. 다른 것들보다 더 많이 언급된 한 가지 공통적인 문제는 선교사들이 복음을 효과적으로 전할 수 있을 만큼 충분히 그들의 선교지에 오래 머물지 않는다는 것이었습니다. 실제로, 한 주요 선교 네트워크의 리더는 조직의 이탈률이 약 85%에 달한다고 말했습니다. 그가 이렇게 말했을 때 우리는 그가 실수로 잘못 말했다고 생각했습니다. 그가 말하고자 하는 것이 85%만이 최소한의 1년 또는 2년 임기를 마칠 수 있다는 뜻이라고 생각했습니다. 그러나 그는 정확하게 다시 설명하기를 그가 속한 조직의 선교사 중 약 15퍼센트만이 실제로 첫 봉사 기간을 마칠 수 있었다고 했습니다.

이 말은 우리를 충격에 빠뜨렸고 우리가 예상하지 못한 일이었습니다. 선교사들이 잃어버린 자와 복음이 필요한 사람들 가운데 남아 있을 수 없다면 어떻게 그들이 잃어버린 자들에게 영향을 미칠 수 있겠습니까? 우리는 회의에 참석한 다른 대표자들을 대상으로 설문조사를 했고, 솔직한 대화를 통해 다른 파송 단체들에도 이런 일이 일어나고 있음을 발견했습니다. 단순히 선교사로서 선교지에 계속해서 존재하는 것이 가장 큰 어려움이었습니다. 참가자들은 다른 사람들도 이와 같은 문제를 겪고 있다는 사실을 알게 된 이후 이 문제를 주제로 토론하고 싶어 했습니다. 한 참가자는 모국에서부터 평생 종교적 박해를 겪었기 때문에, 어려운 곳으로 가도록 하나님께서 선교사들을 특별히 준비하셨음을 느꼈다고 말했습니다. 그러나 그들은 복음을 위해서는 기꺼이 고난을 받았지만 다른 요인들이 선교사들을 낙담시켰고, 잦은 선교사 이탈은 다른 고난을 일으키고 있었습니다. 이 참가자는 우리에게 "다년간의 선교 경험이 있으니 우리가 덜 고통 받을 수 있도록 도와주시겠습니까?"라고 물었습니다. 그에게 어려움은 선교 조직이 선교사들을 현장에 계속 머물게 할 수 없다는 것이었습니다.

지속적인 선교를 위한 여덟 단계

미남침례회 국제선교부 (IMB) 는 타문화 선교사 파송에 175년 이상의 경험을 가진 기관입니다. 그러나 이 행사에서 기독교 지도자들의 고군분투하는 이야기를 들으며, 새로운 선교 단체가 자체적으로 선교사 파송 절차를 수립하도록 돕는데 있어 IMB가 그동안 관심을 두지 못했다는 것을 깨달았습니다. 미국에 기반을 둔 IMB의 구조, 절차, 정책은 다른 문화권이거나 북미 배경이 아닌 나라의 선교 기관의 요구 사항을 충족하기에 적절하게 변경되지 않았습니다. 우리는 이 토론에서 끊임없이 언급되었던 두 가지 질문을 재검토하기 시작했습니다. 선교 파트너들이 각자의 국가에서 지역 교회와 긴밀하게 협력할 조직을 설립하도록 도울 방법은 무엇인지? 그리고 지상대사명에서 명한 대로 그들이 선교 현장에서 선교사로 계속 남아 있고, 또 잃어버린 영혼을 전도하고, 제자로 삼는데 어떻게 도움이 될 수 있는지?

결론은 모호했습니다. 단순히 북미의 구조, 정책, 전략을 다수 세계 선교 기관에 간단히 이전하는 것으로는 잃어버린 세상에 영향을 미치는데 별로 도움이 되지 않았습니다. 전 세계적인 동역자 기관과 교회가 선교 파송을 강화하는 시기에 우리가 그들을 섬기고자 한다면 우리는 새로운 패러다임이 필요했습니다.

답을 찾는 과정에서, 우리는 전통적인 접근 방식을 계속한다면 다수 세계 선교의 효율성에 대한 우리의 기여가 미미할 것이라는 점을 인식했습니다. 우리는 우리가 섬기고자 하는 사람들에게서 배워야 했습니다. 그래서 선교사 평가에서 국제 선교 동역자를 훈련할 기회가 생겼을 때, 우리는 이 동역자들의 말을 듣기 위해 세계 여러 지역에서 훈련 시간을 갖기 시작했습니다. 우리는 그들의 삶 속에서 하나님의 부르심에 대한 그들의 비전과 간증을 듣기 시작했습니다. 우리는 선교사들이 고국으로 돌아갈 수밖에 없는 어려움을 파악했고, 그들이 더 효과적이고 지속할 수 있는 선교를 할 수 있도록 가장 잘 도울 방법을 분석할 수 있었습니다.

또한 우리 조직이 수년간 직면한 어려움을 검토했습니다. IMB는 변화하는 세계의 요구를 지속해서 충족시키기 위해 본부와 현장 구조를 예전부터 개편해왔습니다. 세계정세가 정체되어 있지 않은 것처럼 조직 구조도 영원하지 않습니다. 정치적 격변, 자연재해, 전쟁, 쿠데타 및 전염병의 영향으로 인해 변화가 필요했습니다. 과거의 사례에서도 배울 수 있지만 우리는 미전도 종족에게 복음을 가장 잘 전달할 방법에 초점을 맞추어 미래의 필요 사항을 바라보아야 합니다. 마찬가지로, 우리는 선교 동역자와 협력하여 동역자가 현재 위치를 분석하고 주님의 공급하심을 믿는 신앙으로 미래를 바라보도록 도와야 합니다.

그 후 6년 동안, 우리는 선교사 평가 과정을 개발하기 위해 세계 선교 동역자들에게 초청받고 아시아, 사하라 사막 이남의 아프리카, 남미, 중동으로 이동했습니다. 우리는 아시아 대도시의 고층 건물 19층에서 메콩강 기슭의 대나무 오두막에 이르기까

머리말

지 다양한 장소에서 신자들을 만났습니다.

모든 선교지의 신자들은 지상대사명에서 자신의 역할을 찾고자 했습니다. 동역자들은 다양한 어려움을 말했고 그들의 어려움을 알게 되면서 우리는 공통적인 문제가 있다는 것을 알게 되었습니다. 2019년에 이러한 상담 여행 중 하나를 마무리하면서, 우리는 회의실 벽에 큰 종이를 테이프로 붙이고 관찰한 모든 문제를 나열했습니다. 현상의 흐름은 분명했습니다. 우리가 관찰한 것들 대부분은 8가지 영역으로 나뉘었습니다. 우리가 전 세계 선교사에게 진정으로 도움이 되려면, 이 8개 영역에서 선교사 자신의 상황을 분석하도록 돕고, 가장 중요하다고 생각하는 영역에서 선교 역량이 성장할 수 있도록 도와야 한다는 것을 깨달았습니다. 그 지역에서 '지속적인 선교를 위한 여덟 단계'가 시작되었습니다. 분석은 동역자들이 자체적으로 진행하였고 우리는 동역자가 그 과정을 탐색하는 데 돕는 역할을 했습니다.

8단계는 간단합니다. 복음주의 공동체에 알려지지 않은 개념이 없을 정도로 간단합니다. 사실, 단순함이 8단계 과정의 좋은 점입니다. 우리가 8단계를 상담할 때, 각 단계는 교회나 파송 단체의 현황을 평가하고, 그 단체가 선교를 발전시키기 위한 계획을 세울 수 있도록 도와줍니다.

예를 들어, 현장에 남아 있기 위해 고군분투하는 선교사들의 문제를 다시 살펴보겠습니다. 8단계를 따라 실행하는 것은 선교지의 손실을 예방하는 데 도움이 될 수 있습니다. "선교사 양성"(4단계)는 선교사 후보자가 선교에 부르심을 받았는지, 그리고 준비가 되었는지 분별하도록 돕기 위해 교회에서 토론할 수 있는 성경 공부의 개요를 제공합니다. "타문화 선교사 선발 및 훈련"(6단계)는 선교사 후보자의 자격과 능력을 확인하는 과정과 같은 선교사 평가의 5가지 요소를 다룹니다. "동역자 계발"(7단계)는 크고 작은 교회와 기관이 선교 파송의 모든 측면에서 전문가가 될 수 없으며, 균형 잡힌 과정을 개발하기 위해 다른 사람들과 동역해야 할 필요가 있음을 설명합니다. "선교지: 선교 과업 정의하기"(8단계)는 선교 과업 내에서 요구되는 것과 특정 지역과 특정 사역에 필요한 고유한 능력과 자격이 무엇인지 자세히 설명합니다.

이러한 각 단계는 적합한 사람을 적합한 시간에 적합한 장소로 보내는 데 있어 교회나 조직을 안내합니다. 각 단계를 연구하여 사용하면 교회와 선교사 후보자들이 선교 관련 질문에 대답하는 데 도움을 줍니다. 그리고 예비 선교사, 교회, 기관, 선교 현장에 있는 모든 이들에게도 최선의 결정을 하는 데 도움을 줍니다. 보통 8단계 중 두 단계 혹은 세 단계가 크게 결핍되면 파송 과정의 어려움이 발생하고, 선교사들이 선교지에 머물지 못하게 되며, 설령 머문다고 해도 선교 효과가 미미합니다.

이 책에서 우리는 전 세계의 실제 사례 연구를 인용하여 각 단계의 개념을 안내하고 설명할 것입니다. 그러나 지식만으로는 충분하지 않습니다. 우리는 로마서 12장 1-3절의 말씀대로 실제적인 변화 또는 변화로 이어질 수 있는 지식의 토대가 다져지

지속적인 선교를 위한 여덟 단계

기를 바라고 있습니다. "... 오직 마음을 새롭게 함으로 변화를 받아 하나님의 선하시고 기뻐하시고 온전하신 뜻이 무엇인지 분별하도록 하라" 각 단계를 설명하는 사례 연구는 수행 평가를 강조할 뿐만 아니라 선교사가 특정 문제를 해결하고, 선교 역량을 확장하기 위한 계획을 어떻게 개발하고 구현하는 방법을 강조합니다. 이 바람직한 변화는 같은 생각을 하는 사람들이 성경을 공부하고, 각각의 8단계에 대한 자신의 상황을 분석하고, 지상대사명을 향한 소명을 온전히 하기 위해 협력하고자 하는 공동체에서 일어날 가능성이 더 큽니다.

누가 선교를 담당하는지, 그것이 교회인지, 신자인지, 선교 단체인지에 대해 논의하는 많은 책이 있습니다. 정답은 세 그룹 모두 책임이 있고 세 그룹이 함께 일해야 한다는 것입니다. 개별 신자는 지역 교회의 일부입니다. 선교 단체는 다양한 자원을 제공하며, 선교에 대해 준비가 되어 있지 않은 교회의 부족한 부분을 채울 수 있습니다. 따라서 문제는 누가 책임이 있느냐가 아닙니다. 중요한 점은 이 세 그룹의 장점을 모두 활용할 수 있는 방법입니다.

이 책의 또 다른 독특한 면은 우리가 1단계가 아니라 "선교지: 선교 과업 정의하기"(8단계) 부터 시작한다는 점입니다. 이것은 책의 흐름에서 중요합니다. 우리가 가고자 하는 곳에 다리를 건설하려면 우리가 어디로 가고 있는지 알아야 합니다. 지상대사명은 한 번도 복음을 들어본 적이 없는 사람들에게 복음을 전하는 것입니다. 따라서 선교사 과업을 정의하고 수행하는 것은 모든 선교사 파송 기관이 지상대사명을 완전히 받아들이는 데 중요합니다.

우리는 이 책이 당신을 돌아보고, 당신의 교회나 단체가 지상대사명에 풍성하게 참여하는데 동기부여가 될 수 있기를 바랍니다. 하나님은 모든 신자와 교회에 소명을 주셨고, 말씀과 기도, 상담을 통해 간절히 구하면 그 소명을 이룰 수 있는 길을 마련해 주실 것입니다.

고린도후서 9장 8절에 기록된 바와 같이 하나님의 말씀에 있는 많은 약속을 받아들이도록 우리 모두 힘을 냅시다. "하나님이 능히 모든 은혜를 너희에게 넘치게 하시나니 이는 너희로 모든 일에 항상 모든 것이 넉넉하여 모든 착한 일을 넘치게 하게 하려 하심이라"

할 커닝햄, 교육학 박사
아만다 딤페리오 데이비스, 목회학 박사

8단계

선교지

선교 과업 정의하기

마이크(MIKE)와 베스 크레이머(BETH KRAMER)*가 해외 선교사로 섬기라는 하나님의 부르심을 느꼈다는 소문이 퍼지자 텍사스의 한 작은 교회는 열광으로 가득 찼습니다. 크레이머 부부가 선교에 대한 그들의 이야기를 전했을 때, 선교에 대한 열정이 교회에 퍼졌습니다. 크레이머 부부는 선교 자금 마련, 비자발급, 해외 이주와 물적 지원등 해외 선교를 위한 준비를 시작했습니다. 크레이머 부부에게는 7세 아들 빌리(BILLY)와 16세 크리스티(CHRISTY)라는 딸이 있었습니다. 그들은 해외 선교가 자녀들, 특히 크리스티의 나이에, 어려움이 되리라는 것을 이해했지만, 하나님의 부르심을 따르는 데 망설이는 것을 불순종이라고 생각했습니다.

지속적인 선교를 위한 여덟 단계

　　마이크와 베스는 그들이 수행할 선교 사역에 이상적인 후보자처럼 보였습니다. 마이크는 회사에서 성공적인 영업사원으로 일하면서 그의 교회에서 리더로 봉사했습니다. 그는 지역 사회에서 복음을 잘 나누었고, 또한 크레이머 부부는 집에서 매주 소그룹 성경 공부와 기도 시간을 인도했습니다. 그들은 교회에서의 이러한 사역을 통해 해외 선교를 위한 준비가 되었다고 느꼈습니다. 시간은 빠르게 흐르고 몇 달이 안 되어 크레이머 부부는 수백만 명이 사는 동아시아에 도착해 도시 생활에 적응하고, 세계에서 가장 복잡한 언어 중 하나를 공부했습니다. 이 언어는 영어 또는 학교에서 조금 배웠던 스페인어와는 완전히 다른 언어였습니다.

　　크레이머 가정은 도착하자마자 문제에 부딪히기 시작하면서 해외 선교의 열정이 금세 사라졌습니다. 그들의 재정 지원은 처음부터 부족한 예산이었지만, 해외에 도착했을 때 환율이 바뀌었고 현지 화폐가 더 비싸졌습니다. 이러한 환율 변동으로 인해 구매력의 거의 20%를 잃었습니다. 또한 언어 학습은 예상치 못한 어려움을 만들었습니다. 베스는 훌륭한 언어 학생으로 인정되었으며 언어 교사와도 잘 연결되었습니다. 그러나 마이크는 진단되지 않았던 청력에 문제가 있다는 것이 발견 되었고, 그들이 공부하고 있던 성조 언어로 듣고 적절한 소리를 내는 것이 어렵다는 것을 알게 되었습니다. 마이크는 지금까지 의사소통을 베스에게만 의존하는 상황에 부닥친 적이 없었습니다. 또한 마이크는 이 문화적 환경에서의 사역이 고향의 소그룹과 많이 다르다는 것을 발견했습니다. 사람들은 그의 경험과는 전혀 다른 질문, 즉 조상 숭배와 영적 세계에 대한 두려움과 관련된 질문을 했습니다. 마이크와 베스는 통역인을 통해 사역해야 했으며, 통역인이 자신이 말하는 내용을 제대로 이해하고 있는지 종종 의아했습니다.

　　선교지에서 단 6개월 만에 좌절과 실망이 커짐에 따라 문제는 계속해서 발생했습니다. 부부는 선교지로 온 것에 대해 주님의 뜻이 맞는지 의심하기 시작했습니다. 주님의 인도하심을 잘못 이해했던 것은 아닌지, 고향의 파송 교회 교인들도 주님의 뜻을 잘못 이해했던 것은 아닌지 의심이 되었습니다.

　　선교지에서 처음 6개월 동안, 드러난 가장 큰 문제는 딸 크리스티의 감정 상태에 대한 염려였습니다. 몇 달 후 새로운 동아시아인 집에서 크리스티는 17번째 생일을 축하했지만, 크리스티는 고향 텍사스의 학교와 교회 친구들을 그리워했습니다. 그녀는 좋은 학생이었고 온라인 학교 과정은 잘 참여했지만, 고향의 또래 친구들을 많이 그리워했습니다. 선교지 언어를 구사하지 못한 크리스티는 아무리 노력해도 선교지 교회의 청년들에게 인정받지 못했습니다. 그녀의 그리움은 우울증이 되었고 크레이머 부부는 크리스티의 마음 상태에 대해 점점 더 걱정하게 되었습니다. 선교지에서 일 년도 채 안 된 후, 상담가들은 크리스티의 우울증을 더욱 적절하게 치료하기 위해 가족이 미국으로 돌아갈 것을 권고했습니다.

8단계: 선교지: 선교 과업 정의하기

예상치 못한 어려움

선교사들이 선교지에서 어려움을 겪는 것은 새로운 것이 아닙니다. 사실, 새로운 선교사들은 좌절을 예상해야 하며, 대부분의 현장 오리엔테이션 프로그램은 선교사 가족이 직면할 수 있는 많은 어려움을 이해하는 데 도움이 됩니다. 이러한 어려움들은 출신 나라와 관계없이 선교사 가족이나 개인에게 큰 스트레스를 줄 수 있습니다. 마이크와 베스 크레이머의 경우 해외로 이동하기 전에 '지속적인 선교를 위한 여덟 단계' 중 몇 가지에 주의를 기울였더라면, 도착 시 직면해야 하는 어려움에 대비하고 일부 어려움을 피하는 데 도움이 되었을 것입니다. '지속적인 선교를 위한 여덟 단계'의 마지막 단계에서 정의되는 선교사 과업은 예비 선교사들이 고려해야 할 많은 내용을 제공합니다. 여기 첫 번째 장에서 이 중요한 개념을 살펴보는 것으로 시작하겠습니다.

옛 속담에 "어디로 가는지 모른다면, 아무 곳이나 가게 된다."라는 말이 있습니다. 때때로 개인들은 선교사가 되려는 큰 기대와 열정을 가지고 선교지에 파송됩니다. 그러나 그들은 자신이 진정으로 원하고 해야 하는 것이 무엇인지, 목표에 도달하기 위한 경로 또는 시작하는 방법에 대해 이해가 부족합니다. 새로운 선교사들은 선교지에서 가치 있는 사역을 할 수 있고, 봉사할 수 있지만 지상대사명을 완수하는 데에는 거의 영향을 미치지 않는 사역에 집중하게 되는 경우가 자주 발생합니다. 어느 방향으로 사역을 진행하고, 무슨 사역을 해야 하는지와 같은 선교사의 과업을 이해하는 것은 선교 목표를 이루기 위해 중요합니다.

크레이머 부부의 상황과 관련하여 선교 과업을 살펴보겠습니다. 마이크와 베스는 고향에서 훌륭한 사역 경험을 가졌었고, 성경에 대한 철저한 이해와 자신들의 문화에서 신앙을 나누는 방법을 알고 있었습니다. 그러나 그들은 선교 과업, 특히 선교지 들어가기와 전도의 핵심 요소와 관련된 훈련을 거의 받지 못했습니다. 세계관과 문화적 상황을 이해하기 위한 오리엔테이션과 훈련은 어떻게 현지 사람들과 연결하고, 성경말씀으로 삶의 문제를 해결하는 것에 도움을 주었을 것입니다. 이러한 기본적인 이해 없이, 크레이머 부부는 문화 충격과 자신들과 완전히 다른 세계관을 경험했을 때 놀랐습니다. 마찬가지로 그들은 어디서부터 복음을 전하고, 어디서부터 기본적인 제자훈련을 시작해야 하는지, 외국 문화에서 어떻게 교회를 시작해야 하는지 전혀 몰랐습니다.

선교사 파송에 대한 많은 분석을 살펴보면, 교회나 선교 단체가 사역해야 하는 선교지 상황을 이해하는 훈련을 조금 하거나 진행하지 않은 채로, 선교사를 타 문화권 선교지로 파송합니다. 선교사 과업의 구성 요소는[1] 선교사들이 미전도 종족이나 선교지에서 전략을 수립하고 유지하는 데 도움이 되는 지침서 역할을 합니다. 그 구성 요소는 들어가기, 복음전파, 제자훈련, 건강한 교회 개척, 지도자 개발, 동역관계를 맺고

---

[1] "선교사의 과업" 기초(Foundations) 안의 내용 (리치먼드, VA: IMB, 2018), 75-101

떠나기이며, 이 모든 것이 그리스도 안에 거하면서 진행됩니다. 선교 과업에 관한 공부를 통해, 성취해야 할 것과 거기에 도달하기 위한 경로에 대한 명확한 이해를 할 수 있습니다. 또한 선교사 과업 구성 요소는 선교사들에게 그들이 일해야 하는 상황과 그 환경에서 일하는 데 필요한 능력과 자격을 이해하는 정보를 제공합니다.

8단계: 선교지: 선교 과업 정의하기

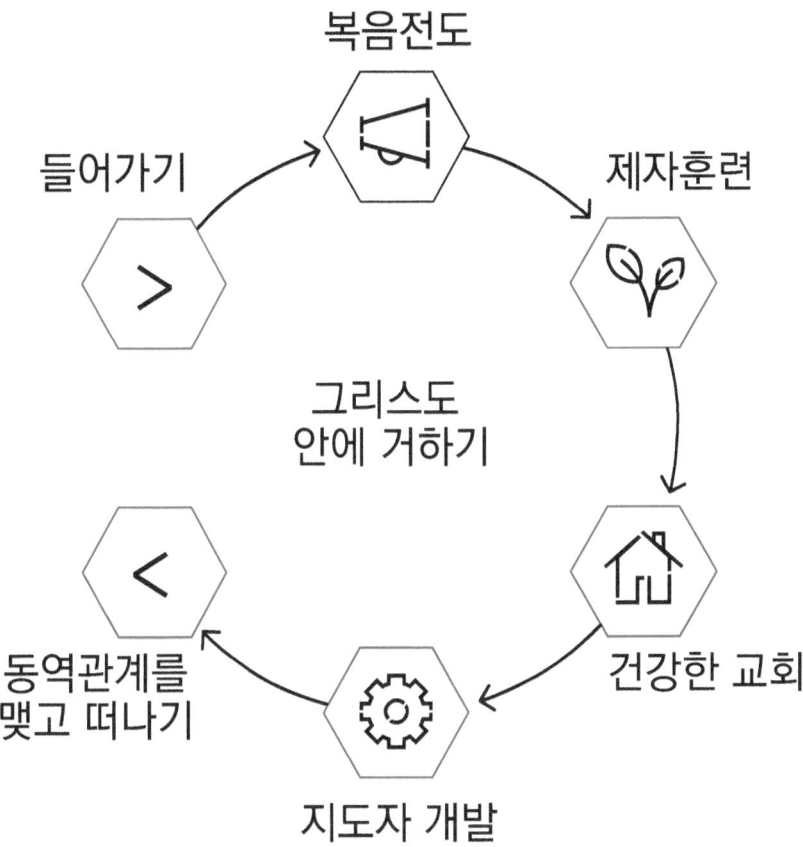

들어가기. 들어가기는 단순히 신체적으로 이동하는 것 이상입니다. 효과적인 타문화 사역을 위해 선교사를 파송하기 위해서는 들어가기가 중요합니다. 들어가기의 첫 번째 요소는 조사입니다. 목표가 되는 선교지의 현지인에 대해 배우는 것입니다. 여기에는 역사, 세계관, 종교, 복음화 비율의 상태, 성경 번역(구두, 문서)의 상황, 그리고 그 지역의 문맹률, 경제, 종교적 박해와 같은 기타 관련 요소가 포함될 수 있습니다. 들어가기의 이러한 다양한 측면을 이해하면, 새로운 선교사가 어디서부터 시작해야 하는지 아는 데 도움이 될 수 있습니다. 크레이머 가족이 그들이 들어갈 선교지 문화의 세계관을 이해했다면, 복음과 제자훈련 상황에서 발생했던 문제를 해결하는 데 유용한 성경 구절을 공부할 수 있었을 것입니다.

들어가기의 다른 측면은 정체성과 존재성입니다. 크레이머 부부는 선교사로 그들의 도시에서 합법적으로 살 수 있었지만, 기독교 선교사를 환영하지 않는 국가 또는 지역에서는 선교사가 그곳에 있어야 하는 다른 정당한 이유가 있어야 합니다. 또한 현지인들에게 접촉한다는 것은 단지 그들의 마을이나 도시에 사는 것뿐만 아니라 지역 현지인들과 삶을 살아가는 동안 의미 있는 방식으로 지속해서 그들과 상호 작용하는 것을 의미합니다. 선교사들은 "당신은 누구입니까?", "당신은 무엇을 하는 사람입니까?", "당신은 왜 여기 왔습니까?"와 같은 자주 받는 질문에 대답할 준비가 되어 있어야 합니다.

복음전도. 선교지 상황에서 선교 과업을 이해하는 것은 어려운 노력일 수 있습니다. 예비 선교사들에게 선교 과업을 정의하도록 질문할 때, 가장 일반적인 응답은 "복음 전하기"인 전도에 제일 많은 중점을 둡니다. 복음은 모든 선교 전략의 기초이지만 선교사는 지상대사명 전체를 이해하고 현지 상황에 적용해야 합니다. 성경은 단순히 복음을 전하는 것 이상을 포함하는 "제자 삼는 것"을 명령합니다. 들어가기의 단계에서 얻은 정보는 세계관을 이해하고, 그 세계관에 관해 이야기할 특정 성경 구절을 찾고, 전체 복음 메시지를 전달하고 새 신자를 제자로 만들기 위한 핵심 단어들을 배우는 데 도움이 될 수 있습니다. 종족이나 지역의 접근성에 따라 선교사나 선교 단체는 구호 사역, 문맹 퇴치 사역, 건강 관리 전략을 통해 복음을 전하기 위한 들어가기 전략을 개발해야 할 수도 있습니다. 이러한 접근 방식을 사용할 때, 관계를 통해 물질적 이익만을 추구하며 외국인을 받아들이는 "쌀을 얻기 위한 기독교인(Rice Christians)"으로 만드는 것과 선교사에게 과하게 의존하게 하는 것을 피하도록 주의해야 합니다. 따라서 이는 7단계에서 다룰 주제인 적절한 동역자 계발의 중요성으로 이어집니다.

제자훈련. 미전도 종족이나 지역들에서 사역하는 선교사는 주님께서 전도의 열매를 주실 때 사용할 제자훈련 전략을 항상 준비해야 합니다. 지상대사명의 본질은 "제자 삼는 것"입니다. "내가 너희에게 분부한 모든 것을 가르쳐 지키도록" 하기 위해 제자훈련은 하나님의 말씀을 공부하는데 중심을 두고 있습니다. 제자훈련은 지식의 축적을 넘어서 변화된 삶으로 인도하는 하나님의 말씀에 대한 훈련과 복종을 포함해야 합니다. 이 변화는 마음, 생각, 애정, 의지, 관계 및 목적을 포함하여 사람의 전인격에 영향을 미칩니다.[2] 제자훈련은 평생의 노력이며 변화는 기도, 성경 공부, 성경 암송, 예배, 봉사에 대한 헌신이 있을 때만 일어날 수 있으며, 이 모든 것이 그리스도의 몸인 교회에서 이루어집니다. 이것은 우리를 선교 과업의 다음 구성 요소로 이끕니다.

건강한 교회 형성. 그리스도인의 삶은 고립된 삶이 아니라, 신자들과의 관계 속에서 살게 되어 있습니다. 박해가 존재하고 높은 보안이 필요한 상황에서도 신자들은 예배, 성경 공부, 기도, 상호 돌봄 및 지역 사회봉사를 위해 모일 방법을 찾습니다. 제자훈련

---

2 "선교사의 과업" 기초(Foundations), 84-89.

은 지역 교회의 상황 속에서 가장 효과적으로 수행됩니다.

교회는 상황에 따라 다르게 보일 것입니다. 공간이 제한되고 보안이 제한된 곳에서는 소수의 사람만 모일 수 있는 작은 가정교회의 형태를 띠게 될 것입니다. 다른 상황에서는 임대 또는 구매한 공간에서 신자들의 대규모 모임이 될 수도 있습니다. 어떤 경우이든 "건강한 교회의 12가지 특징"[3] 은 각각 교회의 건강을 측정하는 유용한 참고 자료가 될 수 있습니다. 이 내용은 건강한 선교사를 파송하는데 필수적이기 때문에 "교회 사역: 건강한 교회 세우기"(3단계) 장에서 더 자세히 다룹니다.

지도자 개발. 지도자를 개발하는 것은 선교 과업의 중요한 구성 요소입니다. 모든 교회에는 지도자가 필요합니다. 사도 바울은 현지인 리더들을 꾸준히 양육해서 교회의 목사나 지도자로 섬기도록 했는데, 이것은 선교적 사명의 훌륭한 예시를 보여줍니다. 마찬가지로 선교사는 교회 개척 전략을 시작할 때부터 지역의 지도자를 세우는 비전을 염두에 두어야 합니다. 현지인 리더를 세우는 것은 건강한 지역 교회를 세우는 기본 요소입니다.

하나님이 교회를 위해 지도자를 따로 세우셨기 때문에, 지도자의 자격은 그가 어떠해야 하고, 무엇을 알아야 하고, 무엇을 행해야만 하는지를 통해 이해할 수 있습니다.[4] 지도자의 성품은 교회의 지도자가 어떠해야 하는지에 대한 특성입니다. 무엇을 알아야 하는지에 대한 특성은 지식, 특히 말씀에 대한 열정과 지식, 그리고 개인의 적합한 상황에 신학 교육을 받고자 하는 소망에서 나타납니다. 마지막으로 교회의 지도자가 행해야 할 것들에 대한 특성은 그들의 영적 훈련의 실천에서 시작되어야 합니다. 지도자들은 사역을 위해 "신자를 온전케 하는"(에베소서 4:12) 목회적 책임에 초점을 두고 말씀을 가르치는 능력을 포함하여 교회를 목양하는데 필요한 기술을 갖추어야 합니다.

하나님께서 지역 교회의 지도자로 세우신 사람들은 완전한 사람이 아닐 수도 있습니다. 그러나 선교사들은 지도자의 위치에 대한 사람들을 고려할 때 디도서 1장 5-9절 및 디모데전서 3장 1-7절에 있는 지도자에 대한 성경적 자격을 검토함으로써 가르쳐야 합니다. 사도 바울이 리더들을 준비시키는데 많은 시간을 썼고, 훈련을 짧게 할 수 없음을 인식했다는 것을 아는 것이 중요합니다. 마찬가지로 디모데후서 2장 1-3절에서 바울은 디모데에게 교회 지도자들을 훈련하고 준비시키는 일에 시간을 많이 할애할 것을 부탁했습니다. 타문화권의 선교사가 현지 예비 지도자를 훈련할 때, 일부

---

3 "선교사의 과업" 기초, 7, 90-93.
4 "선교사의 과업" 기초, 94-97.

몇 명은 적합하지 않을 것입니다. 하지만 다른 몇 명은 조언과 훈련 과정을 통해 교회의 지도자가 리더십이 어떠해야 하고, 무엇을 알아야만 하고, 무엇을 행해야만 하는지에 대한 특성을 이해하고 보여줌으로써 교회에서 인정 받을 수 있을 정도로 성장하고 성숙할 것입니다.

동역관계를 맺고 떠나기. 선교사의 목표는 건강한 교회를 세우는 것이어야 합니다. 그리고 현지인들도 마찬가지로 건강한 교회를 세우는 목표를 가지고 예수님을 믿지 않는 이들에게 복음을 전하는 일에 동참하도록 도전하는 것입니다. 이상적으로는 교회가 성숙함에 따라 선교사들이 초기 사역에서 분리되어 새로운 미전도 공동체에 더 집중할 수 있다는 것을 알게 됩니다. 이것은 선교사가 원래 사역을 포기한다는 의미가 아닙니다. 격려와 훈련의 긴밀한 관계는 계속될 수 있습니다. 사도 바울은 세계 전역에서 그가 도운 교회들과 관계를 유지했습니다. 그는 기회가 있을 때 이 교회들을 방문하여 그들의 성장을 확인하고 연약한 부분에 도전하며 복음에 대한 이해를 깊게 하려고 편지를 썼습니다. 바울 서신의 핵심은 모든 교회가 지상대사명을 온전히 받아들이라는 성경의 명령에 반응해야 한다는 것입니다. 선교사는 새 사역을 시작할 때부터 지상대사명을 사람들 앞에서 강조해야 합니다. 그런 다음 다른 곳에서 복음을 전할 때가 되었을 때, 선교사는 동역자 관계로 위임하고, 현지 교회는 위임받습니다. '지속적인 선교를 위한 여덟 단계'의 기본 전제는 교회가 지상대사명에 관한 그들의 소명을 이해하도록 돕고, 그 일에 참여할 수 있도록 계획을 세우고 동역자를 개발하는 것입니다.

그리스도 안에 거하기. 선교 과업의 각 구성 요소가 중요하지만, 이 모든 요소를 뒷받침해야 하는 중심 요소는 선교사가 그리스도 안에 거하는데 초점을 맞추는 것입니다. 선교사의 영적 성품은 선교 과업의 핵심입니다. 가장 효과적인 선교는 성경(요한복음 15장)에 기록된 대로 주님과 동행하며 주님의 자녀로 거하는 것입니다. 선교사가 자신을 그리스도의 제자로 키우지 않는다면 훈련, 전문성, 지식은 아무 소용이 없을 것입니다. 그러므로 그리스도 안에 거한다는 것은 선교의 전 과정에 스며드는 중요한 측면입니다.

배운 바를 적용할 때

크레이머 가족의 경우, 그들은 적합한 사람들이었을 것이며, 마이크의 진단 되지 않은 난청에 대한 해결책을 찾았다면 아마도 적합한 장소에 있었을 것입니다. 그러나 그들이 파송되었을 때는 적합한 시기가 아니었습니다. 선교 과업에 대한 이해 부족과 선교지에서 효과적으로 해야 하는 일에 대한 이해 부족, 딸의 해외 생활 부적응 등은 선교지에서의 효율성을 크게 떨어뜨렸습니다. 이와 다르게 파송 단체가 선교 과업을 충분히 이해한 사례를 살펴보는 것이 도움이 됩니다. 이것 때문에 그 선교사들은 시간이 지나도 지속해서 존재성을 유지하고, 효과적인 복음의 증인으로 섬길 수 있었습니다.

섬나라인 쿠바는 의과 대학과 의사의 전문성으로 유명합니다. 또한 최근 수십 년 동안 쿠바는 의료 시스템에서 훈련된 수천 명의 고도로 숙련된 의료 전문가를 해외로 파견했고, 다른 많은 국가는 의료 훈련을 받기 위해 학생들을 쿠바로 보냅니다.

최근 몇 년 동안 쿠바 침례교인들은 라틴 아메리카에서 가장 미전도된 지역에 복음을 전하기 위해, 교회에서 타문화 선교사들을 훈련하고 파송해 왔습니다. 이 선교사 중 몇몇은 쿠바를 떠나 국제적으로 봉사하고 복음을 나누라는 하나님의 부르심에 응답한 의사였습니다.

한 쿠바 부부인 레이몬(Raymón)과 욜란다 가르시아(Yolanda García)*는 원주민 보호 구역과 접해 있는 한 도시의 국제선교부 (IMB) 선교사 팀에 합류하기 위해 콜롬비아로 이주했습니다. 미국에서 온 선교사들이 근처에 살았지만, 정부 관리들은 그들이 원주민 보호 구역에 접근하는 것을 허락하지 않았습니다. 그러나 콜롬비아 지방 정부는 쿠바 의사가 도시에 왔다는 소식을 듣고 관계자들이 가르시아에게 제안했습니다. 보건 당국자는 가르시아에게 제한된 보호 구역의 22개 원주민 마을에 사는 의료 종사자와 기타 의료 전문가를 훈련하는데 도움을 줄 수 있는지 물었습니다. 쿠바 선교사인 의사가 보호 구역의 의료소를 관리하는 의료 종사자를 훈련하기 위해 각 마을에 들어갈 수 있는 권한을 갖게 된 것이었습니다. 그 당국자는 가르시아가 선교사 비자로 콜롬비아에 거주하기 때문에 이 의사가 선교사임을 알고 있었습니다. 그러나 당국자는 콜롬비아 의사들이 일하고 싶어 하지 않는 마을에 가고자 하는 그의 의지와 쿠바 의사의 기술을 이용하기를 원했습니다.

가르시아가 합류한 선교팀은 이러한 상황의 보안과 정치적 한계를 이해하고 있었기 때문에 외딴 마을에 의료 서비스를 제공하여 접근이 용이하고 신뢰를 얻을 수 있는 전략을 세울 수 있었습니다. 이러한 일관된 접근은 복음을 나누고 제자훈련을 계속할 기회를 주었습니다. 세 가지 중요한 이유로 적합한 사람들이 적합한 시간에 적합한 장소에 있었습니다. 첫째, 쿠바 선교사들은 비슷한 문화권 출신으로 이미 스페인어를 구사할 수 있었습니다. 둘째, 가르시아의 의학적 배경을 통해 이전에는 접근할 수 없었던 장소에 접근할 수 있었습니다. 셋째, 국가 당국자들이 그들의 필요를 인식했고, 도시의 팀은 선교사들이 그 나라에서 살 수 있도록 비자를 제공했기 때문에 모든것이 가능했었습니다. 이 모든 요인이 쿠바 선교사들이 미전도 종족들 사이에서 선교 과업에 온전히 참여하고 다른 사람들이 과업에 동참할 수 있도록 하는데 역할을 했습니다.

선교지에서 선교사의 존재감을 유지시켜주는 열쇠는 선교사들이 일상적인 사역에서 실제로 무엇을 하는지 이해하는 것입니다. 이는 그리스도께서 지상대사명을 주신 교회가 선교적 사명을 분명히 이해하고 있어야 함을 의미합니다.

지속적인 선교를 위한 여덟 단계

우리는 '지속적인 선교를 위한 여덟 단계'의 마지막 단계를 먼저 살펴봅니다. 왜냐하면 우리가 가고 싶은 목표와 그곳에 도착했을 때 달성하고자 하는 바가 분명해야 하기 때문입니다. 8단계 과정은 지역 교회에서 선교지로 가는 다리를 놓는 방법을 제공합니다. 목적지에 대한 비전이 명확해지면, 우리는 한 발짝 뒤로 물러나서 그 길을 따라가는 각 단계를 고려할 수 있습니다. 이 책의 다음 장에서는 지역 교회가 지상대사명의 비전을 향해 나아가도록 동기 부여하는 사명에서, 목회자의 중요성에 대해 다룰 것입니다.

1단계
목회자
교회의 비전 확장하기

소피아(SOFIA)*는 그녀의 교회에서 선교에 마음이 있는 사람입니다. 몇 년 전, 그녀는 라틴 아메리카에서 사역하는 선교사에게 제자훈련을 받으며 선교에 대해 배웠습니다. 소피아는 성경을 읽으면서, 사도행전 1장 8절에서 깊은 감동을 받았습니다. "... 예루살렘과 온 유대와 사마리아와 땅 끝까지 이르러 내 증인이 되리라." 예수님에 대한 소피아의 사랑과 열방의 수많은 사람이 그리스도를 예배하는 것을 보고자 하는 그녀의 열정은 그녀의 삶의 목표가 되었습니다.

그러나 당시 그녀의 교회 목사는 도시 주변에 또 다른 교회를 개척하는데 관심이 있었습니다. 알레한드로(Alejandro)*목사는 그가 속해 있는 도시에서 그리스도를 위해 섬기는 비전을 가지고 있었지만, 그 너머의 열방에 도달하는 것에 대한 비전은 없었습니다. 교회의 유일한 목사로서 그는 대부분의 시간을 자신의 교인들을 목양하고, 지역 내 새로운 교회를 개척하는데 시간을 보냈습니다. 알레한드로 목사는 다른 사역에 집중할 시간과 에너지가 없었습니다. 소피아는 사회봉사 활동과 지역 전도에 참여하여 알레한드로 목사의 비전을 지지했지만, 교회가 지상대사명에 온전히 순종하지 않고 있으며, 복음을 들어본 적 없는 도시 밖의 사람들에게 관심을 두고 있지 않다고 느꼈습니다.

소피아가 알레한드로 목사에게 남아시아의 잃어버린 사람들에게 복음을 전하라는 하나님의 부르심을 느꼈다고 말했을 때, 그는 반대했습니다. 소피아는 신학 교육을 원했고, 파송 단체와도 연결되어 있었습니다. 그러나 알레한드로 목사는 그녀가 남아시아에 선교 가는 것은 동의했지만, 다른 나라에서 봉사하려는 그녀의 비전이 교회의 사역 계획과 맞지 않기 때문에 교회가 그녀를 재정적으로 지원하지 않을 것이라고 말했습니다. 결국 그녀는 친구, 가족 및 다른 교회들의 재정 후원을 받았고 남아시아에서 이미 사역하고 있는 선교팀에 합류했습니다.

그녀가 남아시아의 힌두교도들에게 하나님이 행하신 일을 전하기 위해 고국의 교회들과 집으로 선교 편지를 썼을 때, 일부 사람들은 자신이 사는 도시에도 많은 사람이 아직 복음을 듣지 못했음에도 왜 그녀가 그곳까지 갔는지 이해하지 못했습니다. 결국 소피아의 재정 후원은 줄어들었고 팀은 그녀가 선교를 계속할 수 있도록 더 많은 후원을 모으기 위해 그녀를 집으로 돌려보냈습니다. 라틴 아메리카로 돌아온 그녀는 하나님께서 선교지에서 자신을 사용하여 많은 남성, 여성, 가족에게 복음을 전하게 하신 간증을 나누었습니다. 그러나 그때도 그녀의 교회와 목사는 후원하지 않았고 그녀는 선교지로 돌아갈 자금을 모을 수 없었습니다. 남아시아에서의 풍성한 선교 사역이 끝난 것 같았습니다. 그러나 선교팀의 한 동료는 아마도 하나님께서 그녀를 위해 다른 계획을 갖고 계셨을 수도 있다고 제안했습니다. 또한, 그녀가 고국으로 돌아온 것은 교회를 동원하여 남아시아의 잃어버린 자들에게 빛이 되도록 더 많은 선교사를 파송하기 위함이었을 수도 있다고 말했습니다.

그녀가 선교에 대한 열정을 갖고 있던 친구 다니엘라(Daniela)*와 이 이야기를 나누었을 때, 그들은 그들의 도시에 있는 모든 목사와 교회가 지상대사명을 행하는 교회가 되도록 기도하기로 했습니다. 그들은 목회자들이 성경을 읽을 때 성경 전체를 통해 지상대사명의 비전을 발견하고, 그들의 도시와 해외에 있는 복음을 들어보지 못한 이들을 위해 교회를 동원할 수 있도록 기도했습니다.

소피아는 마태오(Mateo)* 목사가 이끄는 다니엘라의 가정교회에 합류했습니다. 그 교회의 선교 사명문은 "예수 그리스도 복음의 강력한 말씀으로 도시와 세계에 영향을 미치는 믿는 자들의 세대를 세우는 것"이었지만 마태오 목사는 지역 사역에 많은 에너지를 쏟고, 열방에 선교사를 보내는 것에는 관심이 적은 다른 목사들과 많이 닮아 있었습니다. 더욱이 소피아와 다니엘라는 마태오 목사에게 선교를 활성화하기 위해 교회에 선교 부서를 조직할 수 있는지 물었지만, 그는 거절하고 선교에 관련된 행사만 열도록 허락했습니다. 그녀들은 교회 리더십을 비판하는 대신, 열방을 향한 마태오 목사의 마음이 열리기를 하나님께 기도하면서 교회의 비전과 교회 사역에 따랐습니다.

이후 다니엘라와 소피아는 마태오 목사를 그들과 함께 국제선교 컨퍼런스에 초대했고, 그는 수락했습니다. 그들은 그가 선교 컨퍼런스에 참석하도록 참가비를 지불하고 주님께서 그의 눈을 열어 열방을 향한 하나님의 마음을 볼 수 있도록 기도했었습니다. 하나님은 마침내 그들의 기도에 응답하셨습니다. 선교 컨퍼런스에서 주님은 전 세계 수십억의 미전도 종족을 향한 연민으로 마태오 목사의 마음을 감동하게 하셨습니다. 그 이후로 마태오 목사는 지역, 국가, 국제 사역을 포함하는 사도행전 1장 8절의 선교 전략으로 그의 교회를 이끌었습니다.

목회자의 비전이 곧 교회의 비전입니다

소피아의 이야기는 드문 일이 아닙니다. 목회자가 "모든 민족을 제자로 삼으라"라는 지상대사명 비전이 없다면 그의 교회에도 지상대사명 비전이 없을 것입니다. 우리가 많은 나라의 동역자들과 대화했을 때, 지역 교회 목회자들이 자신의 선교 소명과 열정을 지지해주지 않기 때문에 교회를 떠나고 싶어 하는 사람들을 많이 만났습니다. 많은 경우 목회자와 교회 리더십들은 하나님의 나라를 확장하는 것보다, 주로 그들의 교인들을 목양하거나 혹은 지역 사회에서 영향력을 키우는 데 관심을 두고 있을지도 모릅니다. 소피아와 다니엘라는 주님의 말씀과 성령의 역사를 통해 목회자와 교회가 선교의 비전을 갖도록 기도하며 주님을 신뢰했습니다. 그들은 마태오 목사를 위해 간절히 기도했고 목회자가 교회를 선교로 이끌수 있는 온전한 준비가 될 때까지 교회 사역을 섬겼습니다.

그러나 이것이 모든 사람에게 해당하는 이야기는 아닙니다. 하나님은 목회자들에게 양 떼의 건강과 성장을 맡기셨습니다. 베드로는 그의 첫 번째 서신서에서 교회 지도자들에게 말했습니다. "너희 중에 있는 하나님의 양 무리를 치되 억지로 하지 말고 하나님의 뜻을 따라 자원함으로 하며 더러운 이득을 위하여 하지 말고 기꺼이 하며 맡은 자들에게 주장하는 자세를 하지 말고 양 무리의 본이 되라"(베드로전서 5:2, 3). 건전한 신학을 가르치고 신자들을 영적 성숙으로 이끄는 것은 중요한 책임입니다. 모든 목회자는 진심으로 하나님의 뜻을 행하길 원하고, 신자들이 그리스도의 형상으로 변화되고 지역 사회의 빛이 되기를 원합니다.

또한 알레한드로 목사, 마태오 목사와 같은 모든 목회자는 바쁘고 많은 업무를 하고 있습니다. 미국은 물론이고 전 세계적으로 많은 교회는 다른 교역자 없이 단 한 명의 목사가 이끌고 있습니다. 종종 이 목회자들은 다른 직업을 가지며 이중직 목회를 하기도 합니다. 그들은 매주 흥미롭고 매력적인 설교를 할 것으로 기대받습니다. 그들은 환자와 외로운 사람을 심방합니다. 그들은 장례식에서 유가족을 위로하고 결혼식을 주례함으로써 함께 축하합니다. 그들은 부부 문제를 해결하는 데 도움을 주고 부모와 갈등을 겪고 있는 십 대 자녀들을 상담합니다. 가장 훌륭하고 가장 경건한 목회자라도 막중한 책임감을 느끼고 있기 때문에 이들도 교인들의 지지와 격려가 필요합니다. 그리고 모든 일에 있어서 그들은 교인들에게 본보기가 되어야 합니다. 혼자서는 감당하기 힘든 무거운 짐입니다.

목회자들이 선교를 꺼리는 이유

목회자들이 지상대사명의 비전을 받아들이는 것을 어렵게 만드는 많은 문제를 생각해 볼 때, 목회자들이 교인들을 선교사로 파송하면서 생기는 그들의 주요한 걱정은 무엇입니까? 목회자, 선교사, 교인과 상담할 때, 이 질문을 하면 몇 가지 공통의 주제로 대답이 정리됩니다. 목회자들이 선교사를 파송하지 않는 10가지 이유는 다음과 같습니다.

- 선교사를 보내면, 가장 좋은 사람을 잃게 됩니다.
- 선교사를 보내면, 비용이 많이 들고 교회에서 목회자와 교회 사역을 지원하는 비용이 줄게 됩니다.
- 목회자는 지역 사회에 더 다가가고 더 많은 지역 주민들을 교회에 데려오기를 원합니다.
- 목회자는 리더십을 지켜야 합니다. 다른 사람들이 목회자 리더십의 방향에 대해 지시할 수 없습니다.
- 우리 교회는 단일 문화권이기 때문에 타문화 선교사들을 어떻게 훈련해야 할지 모르겠습니다.
- 교회에서 교역자는 나 혼자입니다. 타문화 선교 사역을 시작할 시간과 에너지가 부족합니다.
- 우리 교인들은 지역 교회 사역에도 참여하고 있지 않습니다.
- 주변 목회자들도 타문화 선교를 하고 있지 않습니다.
- 선교사를 파송했는데 실패하면 어떻게 합니까?
- 나는 선교 파송 단체를 신뢰하지 않습니다.

교인들은 목회자들이 이러한 문제를 해결하도록 어떻게 도울 수 있습니까? 목회자가 선교 전략을 가지고 있지 않다면 열방으로 가라는 부르심을 받은 교인이 그 교회를 떠나야 합니까? 소피아가 어떻게 그녀의 첫 번째 목사를 더 잘 지원하고, 그가 남아시아로 가기 전에 열방에 대한 비전을 갖도록 도울 수 있었습니까? 교인들이 어떻게 목회자들을 더 잘 지원하고 격려할 수 있습니까?

성경의 선교적 기초

교회가 선교 중심적인 교회가 되는 가장 효과적인 방법은 목사가 성경을 전하고 비전을 제시하여 교회가 열방을 향한 하나님의 마음을 알고 선포하도록 하는 것입니다. 성경은 하나님의 계획과 성품에 대한 하나님의 계시입니다. 열방을 향한 하나님의 마음은 구약과 신약을 관통합니다. 모든 민족을 위한 하나님의 구원 계획에 대한 첫 번째 일은 창세기 3장 15절에 나오는데, 인간이 타락한 후에 하나님은 사탄이 형상화한 뱀을 저주하고 이렇게 말씀하십니다. "내가 너로 여자와 원수가 되게 하고 네 후손도 여자의 후손과 원수가 되게 하리니 여자의 후손은 네 머리를 상하게 할 것이요 너는 그의 발꿈치를 상하게 할 것이니라 하시고" 태초부터 하나님의 계획은 하와의 후손으로 말미암아 사탄의 사악한 계략에서 인간을 구원하는 것이었습니다.

다음으로, 창세기 12장 1-3절에서 우리는 하나님께서 아브람을 부르실 때 모든 민족을 하나님께로 이끄시려는 하나님의 계획을 분명히 볼수 있습니다. 여호와께서 아브람에게 말씀하셨습니다.

> "너는 너의 고향과 친척과 아버지의 집을 떠나 내가 네게 보여 줄 땅으로 가라 내가 너로 큰 민족을 이루고 네게 복을 주어 네 이름을 창대하게 하리니 너는 복이 될지라 너를 축복하는 자에게는 내가 복을 내리고 너를 저주하는 자에게는 내가 저주하리니 땅의 모든 족속이 너로 말미암아 복을 얻을 것이라 하신지라"

우리는 창세기 22장에서 하나님이 아브라함을 시험하실 때, 이전과 같은 약속을 하시는 것을 다시 볼 수 있습니다. 18절에서 하나님은 "또 네 씨로 말미암아 천하 만민이 복을 받으리니 이는 네가 나의 말을 준행하였음이니라"고 말씀하십니다.

시편은 열방을 향한 하나님의 마음이 담긴 선포로 가득 차 있습니다. 시편 96장 1-3절은 다음과 같이 선포합니다.

> " 새 노래로 여호와께 노래하라 온 땅이여 여호와께 노래할지어다 여호와께 노래하여 그의 이름을 송축하며 그의 구원을 날마다 전파할지어다 그의 영광을 백성들 가운데에, 그의 기이한 행적을 만민 가운데에 선포할지어다"

선지자들은 또한 영감을 받아 열방에 하나님의 구원을 준비하라고 말했습니다. 예를 들어, 이사야 49장 5-6절은 이렇게 말합니다.

"이제 여호와께서 말씀하시나니 그는 태에서부터 나를 그의 종으로 지으신 이시요 야곱을 그에게로 돌아오게 하시는 이시니 이스라엘이 그에게로 모이는도다 그러므로 내가 여호와 보시기에 영화롭게 되었으며 나의 하나님은 나의 힘이 되셨도다. 그가 이르시되 네가 나의 종이 되어 야곱의 지파들을 일으키며 이스라엘 중에 보전된 자를 돌아오게 할 것은 매우 쉬운 일이라 내가 또 너를 이방의 빛으로 삼아 나의 구원을 베풀어서 땅 끝까지 이르게 하리라"

신약시대에 교회는 우리 주 예수 그리스도로부터 직접 지상대사명을 위임받았습니다. 4복음서와 사도행전은 예수님께서 제자들에게 성령의 능력으로 모든 족속을 제자로 삼으라고 명령하신 내용을 기록하고 있습니다. (마태복음 28:18-20, 마가복음 16:14-16, 누가복음 24:46-49, 요한복음 20: 21-23, 사도행전 1:8)

사도행전 2장에서 우리는 성령이 "천하 각국"에서 유대인들에게 임하면서 그들의 언어로 하나님의 장엄한 행적을 들을 때 그 약속이 성취되었음을 봅니다. 사도행전 8장에서 핍박으로 신자들이 흩어지자 그들은 사마리아에서 복음을 전했습니다. 그곳에서 빌립은 처음으로 침례를 받은 이방인이 된 에티오피아 내시에게 복음을 전했습니다.

사도행전 10장에서 하나님은 환상으로 베드로에게 깨닫게 하십니다. "... 내가 참으로 하나님은 사람의 외모를 보지 아니하시고 각 나라 중 하나님을 경외하며 의를 행하는 사람은 다 받으시는 줄 깨달았도다. 만유의 주 되신 예수 그리스도로 말미암아 화평의 복음을 전하사 ..."(사도행전 10:34-36).

그리고 사도행전 13장 1-3절을 보면 다민족 교회인 안디옥 교회가 함께 예배하는 모습을 볼 수 있습니다. 성령은 교회에 사울과 바나바를 선별하여 선교사로 파송하라고 명령하십니다.

그리고 그 이야기는 "이 천국 복음이 모든 민족에게 증언되기 위하여 온 세상에 전파되리니 그제야 끝이 오리라"(마태복음 24:14)까지 계속됩니다. 그러므로 믿는 자로서 우리는 모든 족속으로 제자를 삼을 뿐만 아니라 제자를 삼는 제자를 삼으라는 성경적 명령을 받았습니다. 바울이 디모데에게 말했던 것처럼 말입니다. "또 네가 많은 증인 앞에서 내게 들은 바를 충성된 사람들에게 부탁하라 그들이 또 다른 사람들을 가르칠 수 있으리라"(디모데후서 2:2).

이 책에서 하나님 말씀의 선교적 기초에 대한 자세한 성경 공부를 하고자 하는 것은 아닙니다. 창세기부터 요한계시록까지 하나님의 선교 계획을 따르는 데 도움이 될 많은 책과 글들이 이미 쓰여 있습니다. 그 요점이 말하고자 하는 바는 성경이 세상의 창조 이전부터 죄 많은 인류를 거룩하신 하나님과의 관계 가운데로 회복하는 길을 만드신 하나님의 계획을 드러내는 것입니다. 자신을 위하여 이스라엘 민족을 구원하셨을 뿐만 아니라, 하나님은 이방인을 포함하여 하나님을 믿는 자마다 영생을 얻게 하는 길을 만드셨습니다(요한복음 3:16).

요한계시록 7장 9절에서 요한이 본 천국의 모습에 대한 환상은 각 나라 사람들을 포함합니다. "이 일 후에 내가 보니 각 나라와 족속과 백성과 방언에서 아무도 능히 셀 수 없는 큰 무리가 나와 흰 옷을 입고 손에 종려 가지를 들고 보좌 앞과 어린 양 앞에 서서" 그러므로 우리는 교회와 모든 신자가 모든 민족을 제자 삼는 일에 참여하는 것이 필수적이란 것을 알게 됩니다.

목회자는 자기 교인에게 말씀을 가르칠 책임이 있습니다. 그가 성경 66권 전체를 설교한다면, 모든 설교, 모든 성경 공부, 교회의 모든 활동에서 하나님의 선교가 이루어질 것입니다. 목회자가 하나님의 온전한 말씀을 신자들에게 신실하게 가르치고 열방을 향한 하나님의 마음에 대한 비전을 제시할 때, 신자들이 사역과 선교에 동원되고 교회가 성장하게 됩니다. 하나님은 하나님의 뜻을 행할 수 있는 자원을 마련해 주실 것입니다.

에베소서 4장 11-13절에서 바울은 이 원리를 에베소 교회에 설명했습니다. "그가 어떤 사람은 사도로, 어떤 사람은 선지자로, 어떤 사람은 복음 전하는 자로, 어떤 사람은 목사와 교사로 삼으셨으니 이는 성도를 온전하게 하여 봉사의 일을 하게 하며 그리스도의 몸을 세우려 하심이라 우리가 다 하나님의 아들을 믿는 것과 아는 일에 하나가 되어 온전한 사람을 이루어 그리스도의 장성한 분량이 충만한 데까지 이르리니" 하나님이 교회의 사역을 위해 영적 은사를 사용하도록 신자들을 준비시킬 때, 선교지로 가는 선교사들을 일으키실 것이며, 교회에서 그들의 자리를 대신할 리더십들을 일으키실 것입니다. 하나님은 또한 부르신 사람들을 보낼 수 있도록 교회를 준비시키실 것입니다. 목회자가 지상대사명을 온전히 받아들이도록 교회를 이끌 때, 교인들은 교회의 지역 사역에도 동참할 것입니다. 지상대사명은 지역 사역에서 시작하여 그 이상으로 퍼집니다. 그렇게 되면, 목회자는 모든 사역의 짐을 스스로 짊어지는 것이 아니라 교인 한 사람 한 사람이 목회자와 동행하여 지상대사명을 수행해 나갈 수 있습니다. 우리는 하나님의 공급하심과 신실하심을 의지하지 않고는 세계 선교를 할 수 없습니다.

목회자는 가장 활동적이고 충실한 제자들을 선교와 다른 사역으로 잃게 될까요? 전혀 그렇지 않습니다. 그것이 디모데후서 2장 1-3절의 목표입니다. 하나님의 선교에 참여하는 데에는 희생이 따르기도 하고 대가를 지불하기도 합니다. 그러나 지상대사명에 대한 순종으로 그러한 희생을 함으로써 하나님은 하나님의 나라를 위해 축복을 주시고 번성하게 하실 것입니다.

순종의 결과

마태오 목사가 소피아와 다니엘라와 함께 참석한 선교 컨퍼런스를 마치고 교회로 돌아왔을 때, 하나님은 마태오 목사의 마음을 바꾸셨습니다. 그는 자기 교회가 그의 지역에서 시작하여 땅끝까지, 세상의 미전도 종족에게 복음을 선포하는 일에 참여하기를 원했습니다.

이제 마태오 목사는 "목회자가 세계 선교에 동참한다면, 그의 교회도 세계 선교에 동참할 것이다"라고 말합니다. 사도행전 1장 8절의 선교 전략에 따라 그는 가까운 지역, 먼 지역, 전 세계적으로 선교를 계획하는 선교팀을 가지고 있습니다. 소피아와 같은 그의 선교팀원들도 열방에 복음을 전하기 위해 함께 일할 다른 목회자들과 교회들을 동원하기 위해 일합니다. 지상대사명에 집중함에 따라 실제로 그의 교회는 성장했고, 현재 교인들은 선교사를 열방에 파송하고 재정 후원과 기도로 그들을 전폭적으로 지원하고 있습니다. 마태오 목사는 또한 더 많은 선교사를 파송하고 유지하기 위해 자신의 교단에 있는 다른 목회자들을 동참시켰습니다.

앞으로 나아간다

목회자가 교회를 성장시키려는 것뿐만 아니라 열방에 복음을 전하려는 마음이 있다면 모든 교인들이 같은 마음을 가질 수 있도록 동원할 수 있습니다. 본질적으로 목회자는 교회가 열방을 향한 하나님의 마음을 받아들이도록 가르치고 있어서 교인들이 선교에 구체적으로 참여할 수 있도록 도울 수 있습니다.

우리가 '지속적인 선교를 위한 여덟 단계' 상담을 해오면서, 비슷한 상황에 있는 목회자와 교회가 선교 비전을 발전시키기 위한 행동 계획을 세우는 것들을 볼 수 있었습니다. 다음 단계에서 우리는 목회자가 가장 어린 교인부터 가장 나이 많은 교인에 이르기까지 교회 전체를 동원하며 교회 사역에 참여하여 지상대사명과 교회의 역할을 수용할 방법을 살펴볼 것입니다. 이를 통해 지역 교회와 하나님 나라는 성장할 것입니다.

3

2단계

지역교회 동원

우리가 1단계에서 보았듯이, 목회자는 교회 사역을 동원하는 데 가장 중요한 역할을 합니다. 모든 목회자는 교회 안에 하나님의 일이 충만하길 원하고, 교인이 영적으로 깊어지고, 교회 사역이 성장하고, 교인의 숫자가 늘길 원합니다. 그러나 어떻게 하면 목회자가 열방을 향한 하나님의 마음을 교인들에게 전달해서, 모든 교인이 교회를 섬기는 데 자신의 영적 은사를 갖추고 사용할 수 있도록 할 수 있을까요?

다음은 미국 한 교회의 목사와 리더십들이 가장 어린 사람부터 나이 많은 사람까지 교회 사역을 위해 모든 교인을 어떻게 준비시키고 동원했는지 보여주는 예입니다.

그레이스 커뮤니티 침례교회: "어린이부터 노인까지"

그레이스 커뮤니티 침례교회(GRACE COMMUNITY BAPTIST CHURCH)는 버지니아주 리치먼드에 있는 약 150가정이 있는 교회입니다. 36년의 역사 동안 이 교회는 다양한 파트너 선교 단체를 통해 수십 명의 장기 선교사를 열방에 파송하고 지원했습니다. 선교는 교인들이 하는 일의 일부가 아니라 그들의 목적입니다. 교회에는 지상대사명을 그들이 하는 모든 일의 최우선에 두기 위해, 일 년 내내 교회 사역과 활동을 계획하는 지역 및 국제 선교팀이 있습니다.

매년 성탄 절기에 목회자와 리더십들은 교인 각 사람에게 선교의 모든 방면에 참여하도록 도전합니다. 연례 선교 헌금을 하는 것 외에도 각 가족이나 개인은 이듬해 동안 다음과 같은 사역에 전념해야 합니다.

1. 국내외 미전도 종족의 구원과 교회에서 파송한 선교사 한 사람 한 사람을 위해 기도하십시오. 교인들은 또한 이웃을 위해 기도해야 합니다. 마지막으로, 교회는 교인들이 어떻게 선교에 참여할 수 있는지 주님께 기도하도록 도전합니다.
2. 교회의 모든 선교 노력에 관대하고 희생적으로 섬기십시오.
3. 지역의 위기 여성 돌봄 센터에서 봉사를 하든, 다른 주에서 단기 사역을 하든, 또는 파송 선교사들의 여름 사역을 돕든 단기 선교를 가십시오.

목회자들은 교회의 가장 어린 아이부터 연로한 교인까지 참여할 수 있는 모든 교인에게 도전합니다. 심지어 유치원생들도 기도하고, 용돈으로 헌금하고, 친구, 가족, 이웃을 섬길 수 있다는 가르침을 받습니다. 교인 중 가장 나이 많은 교인은 키티 부인이라고 하는 여성입니다. 키티 부인은 고령으로 해외 선교를 다니지 못하지만, 교회에서 가장 열심 있는 기도의 용사로 알려져 있으며 매주 금요일 아침 6시에 자택에서 기도 시간을 갖습니다. 그녀는 또한 새로운 사람들을 만나고 복음을 나누고 그들을 위해 기도하기 위해 매주 여러 번 지역 식당에서 아침을 먹습니다.

그래서 그레이스 커뮤니티 침례교회의 구호는 "어린이부터 노인까지" 모든 사람이 일 년 내내 기도하고, 베풀고, 나가는 선교에 참여해야 한다는 것입니다. 이것은 교회 전체가 효과적으로 선교에 동원된 좋은 예입니다. 모든 교인은 선교사를 보내는 데 참여할 수 있으며 하나님은 그중 일부를 "가는 선교사"로 부르실 것입니다. 기도와 헌금을 통해 지원하는 "보내는 자"인 사람들은 그레이스 커뮤니티 침례교회의 실례와 같이 모든 연령대에 걸쳐 교회 구조에 포함되어야 합니다. 선교 교육은 교회의 여러 훈련 프로그램 중 추가되어야 하는 하나가 아닙니다. 선교는 교회에서 최우선이 되어야 합니다. 열방에 복음을 전하는 것이 교회의 책임이기 때문입니다.

2단계: 지역교회 동원

선교 중심적인 교회

목회자의 주요 책임은 모든 신자가 국내외에서 교회 사역을 섬기고 전도 대상자를 전도하는데 영적 은사를 사용할 수 있도록 교회의 교인을 준비시키는 것입니다. 바울은 에베소 교회에 대하여 이렇게 말했습니다. "그가 어떤 사람은 사도로, 어떤 사람은 선지자로, 어떤 사람은 복음 전하는 자로, 어떤 사람은 목사와 교사로 삼으셨으니 이는 성도를 온전하게 하여 봉사의 일을 하게 하며 그리스도의 몸을 세우려 하심이라(에베소서 4:11, 12)" 그러나 목회자가 선교 비전을 제시할 때 교인들은 일반적으로 질문을 합니다. 이 질문은 편하게 대답할 수 있는 것은 아닙니다. 예를 들어, 한 교인이 목회자에게 이렇게 질문할 수 있습니다. "우리 지역에도 예수님을 믿지 않는 사람이 너무 많은데 어떻게 선교지로 우리의 관심을 돌릴 여유가 있습니까?" 그 시점에서 목회자는 성경에 근거한 답변을 준비하고 그 교인이 지상대사명에서 교회의 역할을 이해하도록 도와야 합니다.

우리는 목회자들이 하나님의 말씀에 의지하여 이러한 질문에 답할 수 있도록 준비하기 위해 '8단계'를 만들었습니다. 견고한 토대를 구축하는 것은 지역 교회가 선교 비전을 계속 이어나가는데 중요합니다. 누가복음 6장 46-49절은 견고한 기초 위에 지은 집의 중요성을 강조했습니다. 홍수가 났을 때 반석 위에 지은 집은 견고하게 서 있습니다. 견고한 기초가 없는 집은 홍수 중에 무너집니다. 이 구절은 독자에게 성경의 명령에 따라 행동하는 실천가가 되라고 도전합니다. 우리가 이렇게 행동할 때 우리의 집은 서게 될 것입니다. 그러므로 하나님의 말씀 위에 세워진 선교 비전은 시간의 시험을 견디고 선교 계획과 전략(5단계 참조)이 일관적이고 지속할 수 있으며 실행될 수 있는 확고한 기초를 제공할 것입니다.

목회자가 교회 내에서 선교 비전을 제시할 때 다루어야 하는 여섯 가지 관련 질문이 있습니다. 목회자는 교회의 선교 참여에 관한 "6가지 중요한 질문"에 답하기 위해 선교에 대한 주제로 몇 주간 설교하거나, 칼럼을 쓰거나, 소그룹 성경 공부를 할 수 있습니다. 질문은 다음과 같습니다.

1. 선교란 무엇입니까?
2. 왜 우리는 선교를 해야 합니까?
3. 언제 우리는 선교를 해야 합니까?
4. 어디에서 우리는 선교를 해야 합니까?
5. 누가 선교해야 합니까?
6. 어떻게 우리는 선교를 해야 합니까?

선교란 무엇입니까? 교인들의 "선교"에 대한 다양한 정의를 듣는 것은 흥미롭습니다. 그들은 복음 선포와 함께하는 가치 있는 많은 활동들을 주로 언급합니다. 실제로 선교는 재난 구호, 인간의 필요와 개발, 의료, 농업, 교육등의 사역을 포괄할 수 있습니다. 그러나 복음 선포 없이 이루어진 이 모든 활동은 선교에 대한 성경적 개념을 설명하지 못합니다. 선교를 정의할 때 우리는 '지역 교회 내에서 진행 중인 전도와 제자훈련'과 '모든 민족을 제자로 삼으라는 성경의 명령, 즉 교회에 주어진 지상대사명' 사이를 구별해야 합니다. 마태복음 24장 14절은 주님이 재림하시기 전에 복음이 만민에게 전파되어야 한다고 지적합니다. 우리는 주님이 언제 재림하실지 모르지만, 들어야 할 모든 사람에게 땅 끝까지 복음을 선포하는 것이 성경적 명령임을 인식해야 합니다. 선교는 이 모든 것을 포괄하는 개념입니다. 선교의 핵심은 복음이며, 그 복음을 모든 민족과 나누는 것입니다.

선교는 또한 항상 우리와 함께하시겠다는 하나님의 약속(마태복음 28장)과 연결되어 있습니다. 그것은 궁극적으로 각 나라와 족속과 백성과 방언이 천국에서 주를 경배할 것이고, 주님께서 약속하신 대로 선교가 성공할 것임을 나타내는 요한계시록 7장 9절의 환상으로 절정에 달합니다.

왜 우리는 선교를 해야 합니까? 이 질문은 지역 사회에 전도 대상자가 여전히 너무 많은데 왜 교회가 열방에 초점을 맞춰야 하는지 묻는 교인들에게 특히 중요합니다. 대답은 다시 성경에서 나옵니다. 세상은 멸망하고 심판을 받을 것 입니다(히브리서 9:27). 그러나, 하나님은 세상을 사랑하셔서 인류를 구원하기 위해 예수님을 보내셨고(요한복음 3:16, 17), 예수님 외에는 구원이 없습니다(사도행전 4:12, 요한복음 14:6). 사도행전 1장 8절은 비전을 지역 교회를 넘어서 땅 끝까지 확장하며, 유대와 사마리아도 포함합니다. 이 구절은 선교를 받아들이는데 필요한 기간이나 교회의 성숙도를 요구하지 않으며 선교 과업도 단계적이지 않습니다. 로마서 10장 13-15절은 전파하는 사람이나 선포하는 사람이 없이는 잃어버린 자가 듣지 못한다고 지적합니다. 그러므로 교회는 예루살렘과 유대와 사마리아와 땅끝까지 이르도록 주의 인도하심을 의도적으로 구해야 합니다(마태복음 28:16-20). 교회의 사명은 전 세계를 포괄하며, 그 사명을 구체적으로 어떻게 받아들일 것인가는 교회 안에서 기도와 토론의 주제가 되어야 합니다. "타문화 선교를 위한 계획"(5단계)는 교회가 체계적인 계획으로 선교를 시작할 수 있는 몇 가지 훌륭한 방법을 설명합니다. 기도 안에서 주님을 찾는 것이 중요한 첫 걸음입니다.

언제 우리는 선교를 해야 합니까? 이 질문에 대한 응답은 선교의 긴급성에 대한 민감함과 함께 적합한 시기와 준비 사이의 균형을 의미 합니다. 매일 수만의 사람이 주님 없이 죽어가고 있어서 복음에 응답할 기회 없이 삶을 마감할 수 있는 사람들에게는 시간이 매우 중요합니다. 사도행전 13장에서 성령이 바울과 바나바를 부르신 것은 주님께서 성령의 감동으로 선교사를 파송할 적합한 시기를 교회에 알려주실 것임을 보여줍니다. 요한복음 4장에서 예수님은 우물가에서 사마리아 여인을 만나실 때 제자들에게 도전하십니다. 예수님은 여자와 사마리아인에 대한 제자들의 편견을 지적할 뿐만 아니라 밭이 "추수할 준비가 된 것"을 지적하십니다(요한복음 4:35). 우리는 누가복음 19장 10절에서 예수님이 이 땅에 오신 모든 목적이 "잃어버린 자를 찾아 구원하는 것"임을 알수 있습니다. 그러므로 우리는 이 일을 해야 합니다. 성경의 이러한 강조와 함께, 교회 개척의 초기 단계에서도 지상대사명을 염두에 두어야 하고, 교회는 지상대사명에서 자신의 역할을 정의하기 위해 주님의 인도를 구하면서 의도적으로 계획을 세워야 합니다.

어디에서 우리는 선교를 해야 합니까? "어디서"라는 질문은 "누구에게 복음이 필요한가?"라는 관점에서 답해야 합니다. 우리는 자신의 문화와 이해가 쉽게 통용되는 곳만 선택할 수 없습니다. 어떤 사람들은 그들에게 매우 낯선 사람들과 지역, 그리고 삶이 매우 다른 사람들에게 복음을 전해야 하며, 선교지 문화의 어떤 측면은 심지어 불편하게 보일 수도 있습니다. 따라서 선교 활동할 장소의 문제는 자신과 선교 대상과의 차이를 인식하는 것으로 시작할 수 있습니다.

종종 미국 교회는 단일 문화권으로 교인이 구성되어 있습니다. 그럴 경우, 교인들은 다양한 민족, 언어 및 출신 국가의 사람들과 어울리고 알 기회가 없을 수 있습니다. 사도행전 10장은 교회와 선교사 후보자가 다른 사람들에 대해 가질 수 있는 편견을 인식하기 위해 연구하기 좋은 장입니다. 사도행전 10장에서 주님의 환상과 음성은 베드로에게 이방인, 로마인에 대한 편견, 특히 점령한 로마 군대에 대한 편견을 고려하도록 도전했습니다. 이 환상을 통해 하나님은 베드로가 부정하다고 여겼던 이방인일지라도 유대 그리스도인들이 이방인들과 복음을 나누어야 함을 보여주셨습니다. 베드로는 복음을 위해 그 차이를 극복해야 했습니다. 그 결과 고넬료와 그의 가족이 믿고 침례를 받았습니다. 그러므로 우리는 모두 개인적으로 가진 편견을 인식해야 합니다. 그것은 교회가 선교를 할 곳을 결정하는 데 도움이 되는 한 부분입니다.

때때로 우리는 주어진 기회를 생각해야 합니다. '하나님은 미전도 종족을 염두에 두는 교회에 쉬운 접근이나 관계를 통해 선교를 위한 특별한 기회를 준비해두셨는가?'와 같은 질문을 할 수 있습니다. 교회 주변에 특정 난민 공동체가 있을 수 있으며, 난민들을 현지에서뿐만 아니라 본국에서도 선교할 수 있습니다. 때때로 교회는 특정한 미전도 종족이나 지역에 도달하기 위해 그들과 협력함으로써 특별한 선교 소명을 받아들입니다. 5단계에서 우리는 열방을 위해 함께 기도하고, 교회가 어느 곳에 선교해야 하는지에 대해 주님의 인도를 구하는 것으로 시작하는 계획을 세울 것입니다.

지속적인 선교를 위한 여덟 단계

누가 선교해야 합니까? 이 질문은 누가 복음의 증인이 되어야 한다는 것이 아니라 고린도후서 5장 17-19절 말씀처럼 모든 신자에게 맡겨진 임무입니다. "우리에게 화목하게 하는 직분을 주셨으니" 오히려 미전도 종족과 지역에 복음 메시지를 전하기 위해 지리적, 문화적, 종교적, 언어적 장벽을 넘어서도록 하나님께서 누구를 부르시는가 하는 것입니다. 성경 말씀은 선교에 대한 비전을 가르칩니다. 선교로의 부르심은 설교를 통해 이루어질 수도 있지만, 제자 훈련과 멘토링, 어린이 성경 공부, 타문화 선교 경험의 기회를 통해서도 일어날 수 있습니다. 성령은 개인이 하나님의 말씀 묵상함을 통해서, 선교지를 직접 체험할 기회를 사용해서 선교사로 부르실 수 있습니다. 이런 분위기를 교회가 제공하는 것이 중요합니다. "선교사 양성"(4단계)에서 말하는 성경 연구는 선교사 후보자와 함께 이 과정을 진행하는 데 도움이 될 수 있습니다. 선교사는 다양한 경계를 넘어 미전도 종족에게 복음을 전하기 위해 하나님의 부르심을 받았고, 교회에 의해 구별되었습니다. 모든 신자는 "증인"으로 부르심을 받았지만, 일부만이 선교사로 부르심을 받았습니다.

어떻게 우리는 선교를 해야 합니까? 다른 질문에 대한 답변이 해결되었고 교인들이 자신이 무엇을 할 수 있는지 알고 싶어 하는 시점에, 이 질문을 받는 것은 기뻐할 일입니다. 전체 8단계 과정은 이 질문에 답하는데 도움이 됩니다. 미전도 종족과 지역에서 선교 과업을 어떻게 수행합니까? 교회의 역할이 있고, 각 개인의 역할이 있습니다. 기도하고, 성경 공부하고, 함께 주님을 찾는 것이 공동체 안에서 더 많이 행해질수록 교회는 선교 비전으로 더욱 하나가 될 것입니다. 이것은 모든 사람이 같은 일을 한다는 뜻이 아니라 빌립보서 2장 1-3절에 나와 있는 대로 마음을 같이하여 같은 사랑을 가지고 뜻을 합하며 한마음을 품는 것입니다. 교인들은 모두에게 지상대사명의 부르심이 있음을 인식해야 합니다. 일부는 "보내기 선교"이고 일부는 "가기 선교"입니다. 우리는 모두 파송 부분에 참여할 수 있으며, 그 과정에서 하나님은 미전도 종족과 지역에 복음을 전하는 일부 선교사를 부르실 것입니다.

선교 비전을 제시하는 것은 목회자가 해야 할 핵심 사안이지만, 모든 교회 구성원이 선교 비전과 자신의 몫을 받아들이는 것이 중요합니다. 그레이스 커뮤니티 침례교회의 "어린이부터 노인까지" 접근 방식은 훌륭한 모델입니다. 교회가 비전을 더 받아들일수록, 비전을 성취하는데 더 많은 기도와 헌금, 개인적인 헌신이 있을 것입니다. 히브리서 11장 6절은 "믿음이 없이는 하나님을 기쁘시게 하지 못하나니"라고 말합니다. 선교 비전을 채택하는 경우가 그렇습니다. 우리가 기도하고 행동으로 따를 때, 주님은 지상대사명에서 교회 전체의 역할을 온전히 받아들이도록 우리의 발걸음을 인도하실 것입니다.

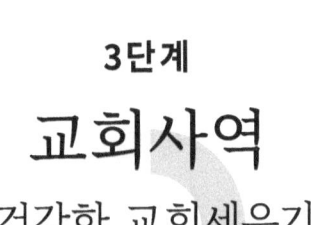

3단계

교회사역
건강한 교회세우기

때|때로 우리는 겉으로 보이는 외모를 건강으로 착각합니다. 이런 착각은 우리가 잘 아는 사람들에게도 쉽게 일어날 수 있습니다. 우리가 겉으로 보는 것이 항상 내면의 건강을 말해주는 것은 아닙니다. 저자 중 한 명의 이야기를 살펴봅시다.

"저는 제가 육체적으로 잘 지내고 있다고 느꼈습니다. 하지만 정기 건강검진에서는 다른 사실이 밝혀졌습니다. 의사는 더 많은 혈액 검사, MRI, 그리고 모두가 두려워하는 질병인 암을 밝혀내는 조직검사를 해야 한다고 말했습니다. 저는 충격을 받았습니다. 저는 괜찮게 지내고 있었고, 증상도 없었고, 잠재적으로 치명적인 질병이 제 몸에 어떻게 숨어 있었는지 이해할 수 없었습니다. 그러나 암 진단은 확실했고, 특별한 치료가 없으면 질병이 제 몸의 다른 부위로 퍼질 가능성이 있었습니다. 의사들은 수개월이 걸리는 광범위한 치료 계획을 세웠습니다. 치료는 급하게 이뤄졌고, 때로는 고통스러웠습니다. 그러나 현재, 의사들은 제가 건강하고 암이 없어졌다고 말합니다. 만약 저에게 진단과 치료를 따르려는 의지가 없었다면, 암은 제 몸의 다른 부분으로 쉽게 퍼져 몸 전체에 큰 피해를 줬을 것입니다. 제가 암을 방치했다면 심각한 질병이나 사망을 초래할 수 있었습니다."

누군가는 이 이야기가 교회 사역과 건강한 교회와 어떤 관련이 있는지 물을 수 있습니다. 개인의 건강과 마찬가지로 세심한 검토가 없으면 교회의 실제 건강을 진단할 수 없습니다. 그리고 선교사 파송에 관해서는 영적으로 건강한 교회가 영적으로 건강한 선교사를 파송할 가능성이 더 큽니다. 마찬가지로 영적으로 건강하지 못한 교회는 영적으로 건강하지 못한 선교사를 보낼 가능성이 더 큽니다. 영적으로 건강하지 않은 선교사는 타문화 선교의 혹독함을 감당할 준비가 되어 있지 않고, 적응하는 데 어려움을 겪을 수 있으며, 선교지에서 계속 머무르기 어렵습니다.

아시아에 있는 등대교회(The Lighthouse Church)*는 1990년대 중반 개척 이후 꾸준히 성장해 왔습니다. 교회에는 음악적 재능을 지닌 많은 청년과 예배 시간을 기쁘고 활기차게 만들 수 있는 전문적인 기술을 가진 청년들이 많았습니다. 수많은 나라 사람들이 참석했기 때문에 교회는 설교 시간에 통역을 제공했습니다. 더 깊고 개인적인 제자훈련의 필요성을 인식한 교회는 약 100만 명 정도 되는 도시 전역에 제자훈련 소그룹을 만들었습니다. 각 소그룹은 가정, 식당, 커피숍에서 만났습니다. 한 달에 한 번 주일 오후에 담임목사는 소그룹 지도자들을 훈련해서 4주 동안 성경 공부 자료를 주었습니다. 소그룹은 기도 사역을 열심히 했으며, 소그룹 시간의 대부분을 기도하고, 구성원들의 필요를 채우기 위한 사역을 했습니다.

우리가 섬김의 리더십, 소그룹의 역동성, 변혁적인 제자훈련의 원리에 대해 소그룹 리더들을 가르치기 위해 상담팀으로 초대받았을 때, 도시 전체에서 소그룹 리더 약 50명이 모였습니다. 우리는 교회의 건강 상태를 평가하기 위한 정보를 소그룹 리더들로부터 수집하기 위해 '하나님의 나라 성장의 네 개의 밭'(Four Fields of Kingdom Growth)5 의 '교회 주기 도표화 과정'(Church Circles Mapping Process)에서 채택한 분석 도구를 사용했습니다. 결과는 놀라웠습니다.

평가는 참가자들에게 초대 교회를 설명하는 여러 성경 구절과 함께 사도행전 2장을 검토하고, 교회 개척 당시의 특징을 확인하도록 합니다. 그런 다음, 참가자들에게

---

5 네이슨과 카리 섕크, 하나님의 나라 성장 네개의 밭: 건강한 교회 개척과 위임 (2007, rev. 2014), https://static1.squarespace.com/static/588ada483a0411af1ab3e7ca/t/58a40ef11b631bcbd49c-88c0/1487146760589/4-Fields-Nathan-Shank-2014.pdf.

3단계: 교회 사역: 건강한 교회 세우기

자신의 교회 내에 이러한 특성이 있는지 찾아보라고 요청합니다. 또한 "건강한 교회의 12가지 특성"[6] 을 살펴보고 소그룹 리더는 개별적으로 평가를 완료합니다. 50명의 소그룹 리더들을 대상으로 한 설문조사는 예배, 기도, 헌금, 친교와 같이 그들이 강하다고 생각하는 교회의 몇 가지 특성을 드러냈습니다. 그러나 성경적 설교와 제자훈련은 낮은 점수가 나왔고, 가장 개선이 필요한 분야로 꼽혔습니다. 이러한 결과는 목회자와 상담 팀인 우리에게 놀라운 일이었습니다. 우리는 제자훈련과 설교가 이 교회의 강점으로 나올 것이라고 예상했기 때문입니다.

평가 결과, 문제가 확인되었지만, 문제의 원인은 명확하지 않았습니다. 목사님은 설교를 준비하고, 주석을 참고하고, 교회에 도움이 되는 올바른 주제를 위해 기도하는 데 상당한 시간을 투자했습니다. 또한 소그룹 리더들을 위한 성경 공부를 준비하는데 충분한 시간을 할애하여 각 그룹을 적절하게 이끄는데 필요한 내용을 제공했습니다. 우리는 왜 이 두 영역이 문제로 지적되었는지를 알아보기 위해 소그룹 리더들과 후속 토론을 했습니다. 목사님은 성경적 설교를 준비했고, 설교 내용에 문제 될 것은 없었습니다. 그러나 때로 목사님의 설교가 교인, 특히 새 신자들이 이해하기에 너무 학문적이라는 사실이 드러났습니다.

교인들은 개념을 이해하는 데 어려움을 겪었고, 설교 내용을 일상생활에 적용할 수 없었습니다. 많은 사람이 가족 중 처음 믿은 1세대 신자였으며, 여전히 신앙생활에 어려움이 있었습니다. 많은 사람이 태어날 때부터 전통적인 아시아 종교에 익숙했으며 신앙으로 인해 가족에게 박해받고 있었습니다. 이 교인들은 이러한 가족 문제를 처리하는 방법을 거의 알지 못했습니다. 소그룹 리더들은 상충하는 세계관, 즉 기독교적 세계관과 다양한 아시아적 세계관을 다루는 설교를 해야 한다는 필요성을 진지하게 언급했습니다. 예를 들어, 한 리더는 성경이 지역 사회에 만연한 명예 수치 문화를 어떻게 다루고 있는지 이해할 필요가 있다고 말했습니다. 또 다른 쟁점은 그들이 예수님의 희생을 전통적인 아시아 종교 숭배에 따른 희생 제도와 대조하면서 어떻게 십자가에 달린 예수님의 희생을 더 잘 이해할 수 있는지 였습니다. 그들은 이러한 심오하고 골치 아픈 질문에 대한 답을 얻기 위해 일상생활에서 성경의 가르침을 직접 적용할 필요가 있었습니다.

이에 따라 목사님은 설교 방식을 바꾸었습니다. 목사님은 현세대의 거짓 가르침과 대조되는 성경 문화를 가르치기 위해 문화적 문제 중 일부를 다루는 설교 시리즈를 시작했습니다. 그 후 소그룹은 구성원들이 설교에 대해 질문하고 소그룹 리더들이 대답해주는 안정적인 모임이 되었습니다. 6개월 후, 후속 평가의 결과는 아주 달랐습니다. 처음에는 교회의 약점으로 여겨졌던 것이 강점이 되었습니다. 목사님은 학문적 신학 담론을 설교 시간에 많이 전하기보다, 사람들의 삶에 직접적인 영향을 미치도록 성경

---

6 "건강한 교회의 12가지 특성" 기초(Foundations)안의 내용 (리치먼드,VA: IMB, 2018), 7, 61-64.

적 설교와 가르침을 준비했습니다.

건강한 교회의 12가지 특징

겉으로 보이는 것이 항상 현실을 반영하는 것은 아니며, 교회의 경우에도 겉으로 보이는 것들이 성경적 기준에 근거한 건강한 교회를 반영하는 것만은 아님을 인식해야 합니다. 우리는 대형 교회나 혁신적인 형태의 예배를 드리는 교회를 모방해야 하는 것이 건강한 교회의 모델로 자주 이해합니다. 교회의 성경적 모델을 검토할 때, 교회의 크기와 예배 형태는 건강한 교회의 평가 기준이 아닌 것을 알 수 있습니다.

미남침례회 국제선교부(IMB)는 "침례교 신앙과 메시지(Baptist Faith and Message)"에서 말하는 교회의 정의를 표준으로 합니다.

"주 예수 그리스도의 신약 교회는 복음의 믿음과 교제 안에서 언약으로 연합된 침례 받은 신자들의 자치적인 지역 모임입니다. 그리스도의 두 가지 의식을 준수하고 그분의 법으로 다스리며, 그분의 말씀으로 부여된 은사와 권리, 특권을 행사하며 복음을 땅 끝까지 전파하려고 노력합니다. 각 회중은 민주적 절차를 통해 그리스도의 주권 하에 활동합니다. 그러한 회중에서 각 회원은 주님이신 그리스도에 대해 책임을 져야 합니다. 성경적 직분은 목사와 집사입니다. 남성과 여성 모두 교회에서 봉사하도록 은사를 받았지만, 목사의 직분은 성경에 의해 자격을 갖춘 남성으로 제한됩니다. 또한 신약 성경은 교회를 말할 때, 모든 시대의 구원 받은 모든 자들과 모든 족속과 방언과 백성과 민족을 포함하는 그리스도의 몸이라고 말합니다." [7]

건강한 교회의 척도는 '기초(Foundations)'에 요약된 12가지 특성의 질적 평가에 가깝습니다.[8] 이러한 12가지 특성은 다음과 같습니다.

1. 성경적 전도 - 행 2장 38절
2. 성경적 제자훈련 - 행 2장 42절, 마 28장 19-20절
3. 성경적 설교와 가르침 - 행 2장 42절
4. 성경적 리더십 - 행 2장 42절, 딤전 3장 1-7절, 딛 1장 5-9절
5. 성경적 멤버십 - 행 2장 46절, 고전 12장
6. 성경적 예배 - 행 2장 47절

---

[7] 미남침례교, "침례교 신앙과 메세지, 2000," 신앙에 대해서, https://bfm.sbc.net/bfm2000/#vi-the-church (accessed January 21, 2022).

[8] "건강한 교회의 12가지 특성" 기초(Foundations), 61-64.

7. 성경적 친교 - 행 2장 46절
8. 성경적 기도 - 행 2장 42절
9. 성경적 책임과 규율 - 행 2장 40절, 마 18장 15-17절
10. 성경적 헌금 - 행 2장 45절
11. 성경적 의식 (침례와 주의 만찬) - 행 2장 38, 41절; 마 26장 26-29절
12. 성경적 선교 - 마 28장 16-20절, 마 24장 14절

우리의 상담에서, 우리는 종종 이 단계들을 "지역 교회의 사역" 또는 "건강한 교회"라고 부릅니다. 목표는 우리의 관심을 교회에 집중하는 것입니다. 지상에 있는 하나님 나라의 기초는 교회입니다. 성경은 말합니다. "...음부의 권세가 이기지 못하리라"(마태복음 16:18). 지상대사명의 도전을 온전히 받아들이고 열방을 제자 삼는 일에 있어서 교회는 그런 막중한 일을 감당할 수 있을 만큼 건강해야 합니다.

우리가 교회 사역의 개념을 공부할 때, 교회 사역은 교회의 모든 측면을 포함하고, 12가지 특성을 각각 다뤄야 합니다. 성경적 리더십은 에베소서 4장 11, 12절의 명령대로 교회를 인도하고 "성도를 온전하게 하여 봉사의 일을 하게 하며 그리스도의 몸을 세우는 일"에 필요합니다. 성경적 설교와 제자훈련은 신자들이 성숙하도록 돕고 그들의 영적 은사와 교회를 통한 봉사에서 그 은사를 사용하는 방법으로 인도하는데 필요합니다. 성경적 멤버십 및 책임과 규율을 만드는 것은 교회를 순결하게 유지하는 데 도움이 되며 잘못된 가르침과 죄악된 행동이 스며들어 교회를 약화시키지 않도록 합니다. 침례와 주의 만찬은 우리의 구원과 우리 삶에서 성령의 역사로 인한 내적 변화에 대한 외적인 간증을 제공합니다. 성경적 예배, 기도, 친교는 그리스도의 몸을 강화하고, 세상을 마주할 준비를 하게 하고, 우리가 삶을 살아가면서 서로를 격려하도록 준비시킵니다. 성경적 헌금은 우리 각자에게 제공하신 것의 일부를 주님께 돌려드리는 것입니다. 성경적 전도는 교인들이 화목의 사역에 참여하는 교회의 핵심 기능입니다(고린도후서 5:17-19). 마지막으로, 성경적 선교는 지상대사명에서 우리의 역할을 담당하는 것입니다. 지상대사명은 많은 성경 구절에서 정의하고 있는것 같이 교회가 지역적 상황 속에서, 그리고 한 번도 복음을 들어본 적이 없는 사람들에게 땅 끝까지 복음을 전하는 책임이 있음을 분명하게 합니다.

가까운 곳에서부터 선교 시작하기

교회는 사역 상황에서 교회의 건강과 선교에 대한 준비를 검토할 수 있습니다. 교인들은 교회를 섬기는데 영적 은사를 사용해야 합니다. 목회자만 혼자 사역을 담당한다면, 교인들이 서로와 주변 공동체를 섬길 기회가 없어집니다. 모든 연령대를 위한

성경 공부와 삶 속에서 적용을 포함하는 기본적인 제자훈련은 핵심 사역입니다. 목회자는 건강한 교회의 특성을 이해하고 교회가 건강해지는 방향으로 나아가야 합니다. 교회가 열방을 향한 하나님의 사명을 받아들이도록 돕기 위해 교회의 강점과 약점을 평가하는 것에서부터 시작해야 합니다.

아시아의 한 수도에서 8단계 상담을 진행하면서, 우리는 외딴 지역에 있는 미전도 종족에게 복음을 나누고자 하는 한 교회의 열망을 알게 되었습니다. 지역 탐방을 통해 그 지역의 대부분이 모슬렘으로 확인되었지만, 표면적 이슬람교 아래에서 그들의 일상적인 관행은 정령숭배의 영향을 받은 믿음을 드러냈습니다. 교회는 이 사람들을 위해 기도하기 시작했고 다른 사람들과 협력하여 그곳에 복음을 나눌 일꾼들을 보낼 방법을 조사하기 시작했습니다. 그들은 언어와 문화가 그들의 언어와 매우 다르며 선교를 수행하기 위해 교회와 선교사들의 큰 노력이 필요하다는 것을 인식했습니다.

우리가 교회 리더들과 함께 각 8단계를 진행하면서, 건강한 교회를 구성하는 것이 무엇인지에 관한 토론은 여러 사람을 진지하게 만들었고, 그들이 교회의 사역을 매우 다른 방식으로 바라보게 했습니다. 그들은 하나님께서 마음에 두신 멀리 있는 모슬렘 민족에게 복음을 전할 수 있도록 모슬렘의 세계로 들어가 언어와 문화를 배울 선교사가 필요하다는데 동의했습니다. 그러나 그들이 선교의 도전과 그 문화로 들어가는 것을 조사하면서 그들이 모슬렘 사역을 이해하는데 부족함을 인식했습니다. 그들은 예비 선교사를 외딴 지역으로 보내기 전에 고국에서 예비 선교사가 모슬렘들과 함께 일해보는 경험의 필요성을 느꼈습니다. 또한, 그들은 지역 사회 안에서의 모슬렘 선교 활동을 교인들에게 인식시키고, 전체 교인이 이 사역의 일부가 되도록 격려해야 함을 깨달았습니다.

우리의 논의가 "타문화 선교사 선발 및 훈련"(6단계)로 진행될 때, 교회의 목사는 갑자기 일어나 주님께서 그에게 말씀하신 것을 이제 깨달았다고 말했습니다. 그는 최근에 교회 건물에서 멀지 않은 지역에서 모슬렘 도서관을 발견했습니다. 이 도서관에 대해 알고 있는 사람이 몇 명이나 되는지 묻자, 그 존재조차 아는 사람이 없었습니다. 그다음 다시 질문하기로, 모슬렘 친구나 지인이 몇 명인지 물었습니다. 만장일치로 아무도 모슬렘 친구가 없었습니다. 목사는 자신의 이웃에 많은 모슬렘이 있다는 것을 깨닫고 그들의 교회가 그들에게 다가갈 방법을 논의할 것을 제안했습니다.

이것은 선교사를 더 먼 지역으로 보내라는 그들의 소명을 감소시키지는 않았지만, 자신이 사는 지역이 예비 선교사와 교회가 모슬렘 사역에 대해 배울 수 있는 훈련 장소라는 것을 보여주었습니다. 교인들은 모슬렘 이웃들에게 손을 내밀었습니다. 지역 사회에서 전도 대상자들을 섬기고 하나님의 사랑을 가시적으로 보여줌으로써 교회 사역이 강화되었습니다. 또한 이 사역은 먼 곳에 있는 모슬렘들에게 복음을 전하라는 부르심을 받은 사람들이, 가까운 곳에 사는 모슬렘들에게 손을 내밀어 그 부르심을 실천하고 훈련할 기회가 되었습니다.

지상대사명에 참여하는 최선의 전략이 지역 교회를 강화하는 것일 때가 있습니다. 이것은 쉽지 않습니다. 교회 지도자들과 교인들은 기꺼이 정직해야 하고, 교회의 성경적 모델을 주의 깊게 살펴야 하고, 주님께서 강화해 주시기를 바라는 교회 생활의 영역을 기도하는 마음으로 숙고해야 합니다. 교회의 건강이 좋지 않다는 것이 겉으로 드러나지 않을 수 있습니다. 그러나 교회 지도자들이 약점을 파악하고 나면, 그들은 교인들과 협력하여 필요한 변화를 만들기 위한 실행 계획을 만들 수 있습니다. 궁극적으로 건강한 교회는 건강하고 유능한 선교사를 준비시켜 파송할 가능성이 더 크지만, 건강하지 못한 교회는 선교지의 도전에 적응하기 어려운 선교사를 파송할 가능성이 더 크고, 더 많은 선교사 이탈률에 기여하게 됩니다.

8단계 중 어느 것이든 상당한 효과를 보려면, 이 3단계와 지역 교회에 대한 강조에 세심한 주의를 기울여야 합니다. 교회 건강의 약점은 다른 단계에서 교회의 발전을 심각하게 방해할 수 있습니다. 그러나 교회 사역과 교회 건강을 위한 노력은 교회를 선교지로 연결하는 선교의 과정을 시작하게 하고, 교회가 지상대사명에서 역할을 완전히 수용하도록 도울 수 있습니다.

4단계
선교사 양성

동남아시아의 시골 교회들이 모인 첫 번째 선교 컨퍼런스에 산간 지역에서 농사를 지어 생계를 꾸려온 다양한 민족의 사람들 40여명이 참석했습니다. 10여 년 전에 이 지역에 복음이 들어왔고 신자의 수는 계속해서 증가했습니다. 복음을 전한 선교사들은 제자훈련과 리더십 훈련에 중점을 두었고 그 노력의 결실은 남달랐습니다. 초기 몇 년 동안 박해로 인해 선교가 어려웠지만, 당국이 선교를 통한 그 지역의 경제, 사회적 복지의 기여도를 인정하면서 박해는 완화되었습니다. 이 지역에 대한 정부의 지원은 제한적이었고, 이전의 세대는 4학년 수준까지만 공교육을 받을 수밖에 없었습니다. 많은 신자가 마을 방언만을 구사했지만, 이제는 언어 교육을 받고, 일상에서 통용되는 언어로 번역된 하나님의 말씀을 접할 수 있게 되었습니다.

지속적인 선교를 위한 여덟 단계

　우리는 선교 컨퍼런스를 열기에는 많이 낙후한 개조된 농가에서 모였습니다. 그런데도 참가자들에게는 기쁨이 있었고 하나님의 모든 백성, 심지어 농사를 짓는 농부에게도 지상대사명이 주어졌다는 것에 감동을 했습니다. 선교에 대한 비전을 들으면서 참가자들은 자신의 지역에 사는 다양한 사람들을 떠올리기 시작했습니다. 참가자 대부분은 그 사람들이 다른 언어를 말하고, 다른 옷을 입고, 다른 음식을 먹기 때문에 그 사람들을 알고자 하는 노력을 하지 않았다고 인정했습니다. 참가자들은 마태복음 28장에 나오는 지상대사명을 깨닫고 헌신을 요구받은 후에, 지상대사명에 참여할 수 있는지 하나님께 간구하며 간절히 기도했습니다.

　대부분의 젊은 사람들은 공장 일자리나 더 나은 교육 기회를 찾기 위해 도시로 이주하기 때문에 소수의 청년만 농장에 남아 있었습니다. 힘든 일을 감당할 수 없는 연로한 가족들을 돕기 위해 농장에 남아 있는 청년 일부가 선교 컨퍼런스에 참석했습니다. 참가자들이 성경이 말하는 지상대사명의 의미를 이해했을 때, 리(Lee)*라는 한 청년이 지상대사명에 참여하라는 개인적인 부르심을 느꼈습니다. 그는 특히 그가 성장하고 평생을 살았던 지역과 유사한 남동부 산간 지역의 농촌 공동체에 여러 미전도 종족이 살고 있다는 사실을 알게 되었을 때 감동하였습니다. 이러한 농촌 공동체에서 선교하려면 그들의 생활 방식을 이해하고 농촌에서 살 수 있으며 생계를 위해 농장에서 일할 수 있는 사람이 필요합니다. 선교지에 대한 소개는 리 형제의 마음을 움직였습니다. 그는 컨퍼런스에서 소개된 선교사 직업 프로필이 자기 삶에 대한 개인적인 묘사라고 느꼈고, 이것을 선교사로 부르신 하나님의 부르심으로 해석했습니다. 컨퍼런스 주최자들은 리 형제와 개별적으로 기도하면서 하나님의 뜻이 앞으로 확고히 밝혀지기를 간구했습니다.

　다음날 아침 모든 참가자는 컨퍼런스의 마지막 강의를 기대하고 있었습니다. 아침 식사 시간에 컨퍼런스 지도자들은 리 형제가 미전도 종족에 관해 주님께서 그에게 어떻게 말씀하시고, 그의 부르심에 필요한 것이 무엇인지에 대해 참가자들과 간증을 나눌 수 있기를 바라면서 리 형제를 찾았습니다. 그러나 리 형제는 어디에도 없었습니다. 주최 측이 친구에게 리 형제를 보았느냐고 물었을 때 친구는 리 형제가 그날 아침에 떠났다고 말했습니다. 그는 전날 주님께서 마음에 주신 미전도 종족에게 복음을 전하기 위해 산으로 향하고 있었습니다. 모두가 이 일을 듣고 놀랐습니다. 리 형제에게 있어서, 하나님께서 자신을 인도하신다는 열정이 선교를 위한 준비가 필요하다는 생각을 압도했습니다. 안타깝게도 리 형제의 열정은 선교 현장에서 오래 가지 못했습니다. 그는 한 달이 못 되어 집으로 돌아왔습니다.

최우선 순위

성경에 관한 깊은 연구는 종종 잃어버린 영혼들에 대한 열정을 불러일으키고 사람들이 익숙한 삶을 떠나 머나먼 땅에서 훨씬 다른 사람들과 관계를 맺도록 동기를 부여합니다. 하지만 열정만으로는 충분하지 않습니다. 열정은 삶의 소명을 명확히 하고 효과적이고 지속적인 선교를 위한 모든 요소가 갖추어지도록 하는 과정으로 조정되어야 합니다. 또한, 잃어버린 자들에 대한 열정은 선교사가 되라는 부르심이나 가족과 먼 곳으로 이주하라는 부르심을 의미하지 않을 수도 있습니다. 재정적으로 선교를 지원하고, 선교사를 위해 기도하고, 자신의 지역 사회에서 선교를 위해 섬기는 것과 같은 다른 방법으로 행해질 수 있습니다. 교회는 타문화 선교사로 섬기라는 부르심을 받은 사람들과 함께하고, 그들에게 각 단계의 조언을 제공하고, 그들이 부르심의 세부 사항과 부르심을 가장 잘 성취할 방법을 결정하도록 도와야 합니다.

리 형제가 선교사로 부르심을 처음 느낀 다음날 선교를 시작하리라고는 아무도 예상하지 못했습니다. 컨퍼런스 지도자인 우리는 잃어버린 자들, 특히 한 번도 복음을 들어본 적이 없는 사람들에게 복음을 전해야 하는 시급성을 잘 전달해 왔습니다. 그러나 우리는 소명을 명확히 하고, 타문화 선교의 여정을 시작하기 전에 어떤 준비가 필요한지 충분히 공유하지 않았습니다. 임무가 시급하지만 준비하는데 시간이 필요하지 않은 것은 아닙니다.

많은 교회가 잠재적인 선교사들을 멘토링 할 준비가 되어 있지 않다고 말합니다. 이것은 타문화 선교 경험이 거의 또는 전혀 없는 교회들에 특히 어려운 일입니다. 그러나 교회는 예비 선교사들과 함께 부르심을 이해하고 순종하는 과정을 의논하고 좋은 결정을 하면서 부르심을 받은 사람들을 지원하고 격려할 수 있습니다. 어떤 개인이나 부부도 부르심을 홀로 감당할 수 없습니다. 그것은 공동체에서 이루어져야 하며, 예비 선교사들이 부르심을 확인하고 조언을 구할 때 교회는 그들에게 필요한 것들을 제공할 수 있어야 합니다.

선교사를 양성하기 위해서는

교회는 선교를 위해 선교사를 세울 수 있습니다. 목회자들이 지상대사명의 비전을 제시하고 섬김과 사역의 기회를 제공할 때, 주님은 몇몇 교인들을 부르셔서 집을 떠나 선교에 참여하게 하실 것입니다. 교회는 선교를 위해 자신의 은사와 부르심을 고민하고 관심 있어 하는 사람들을 격려해야 합니다. 이것은 멘토링하고 선교 소명을 이해하기 위해 성경 공부를 함으로써 가장 잘 성취됩니다. 또한 예비 선교사는 선교 과업 (8단계 참조), 사역에 대한 요구 사항, 준비 및 은사에 가장 적합한 선교사의 사역이 무엇인지 이해해야 합니다.

하나님의 말씀은 선교의 기초가 되며, 공동체 안에서 성경을 공부할 때 사람들은 자신의 소명을 더 잘 이해하고, 희생해야 하는 것과 미래에 대해 생각할 수 있다는 것을 알아야 합니다. 8단계 상담은 이 과정을 돕는 5가지 성경 공부를 간략하게 설명합니다. 선교사 후보자를 확정할 때가 되면 교회 지도자들은 이 훈련 과정을 함께했기 때문에 정보에 입각한 좋은 결정을 할 수 있습니다.

이 5가지 성경 공부(부록 참조)는 선교사 후보자들이 공동체에서 선교의 주요한 측면을 생각할 수 있도록 돕습니다. 이 공부가 반드시 선교사만을 염두에 두고 쓰인 것은 아니지만, 선교의 의미, 확신을 갖게 하는 것, 가족, 삶의 여러 측면에 관한 주제들은 우리가 기도하는 마음으로 심사숙고하게 합니다. 주제는 다음과 같습니다.

- 선교의 소명
- 타문화 선교 명령
- 선교사의 성품
- 선교사의 삶
- 선교사의 사역

선교의 소명. 앤드류 터틀(Andrew Tuttle)이 "선교로의 하나님의 부르심(God's Call to Ministry)"[9]에서 설명했듯이, 타문화 선교에 대한 부르심은 단일 사건이 아니라 부르심의 연속입니다. 리 형제가 문자 그대로 짐을 꾸리고 산으로 향했을 때와 같이 개인이 영적으로 최고점을 경험할 때 사람들은 궁극적인 부르심이 선교에 대한 소명이라고 생각하는 경우가 너무 많습니다. 첫 번째 성경 공부에서 우리는 궁극적인 부르심이란 개인의 삶에서 주님의 목적이 성취되는 것임을 강조합니다. 그 목적이 해외 선교로 이어진다면 그 방향에 대해 축하하고 싶습니다. 또한 소명이 세상 속에서 직장을 갖고 지역 교회를 섬기는 것만이 아니라 한 공동체에서 잃어버린 자들에게 소금과 빛이 되는 것이라면 우리는 그것을 똑같이 축하해야 합니다.

그러므로 이 첫 번째 성경 공부는, 부르심의 첫 번째 영역인 구원에 대한 부르심부터 시작하여 삶의 일곱 가지 부르심의 영역을 알아봅니다. 로마서 3장 23절, 로마서 6장 23절, 요한복음 3장 16, 17절, 요한복음 1장 12절과 같은 핵심 구절을 살펴보는 것은 사도 바울이 로마서 10장 9, 10절에서 말한 것처럼 신자들이 회개와 믿음으로 주님께 나아왔다는 것을 확인하고 자신의 신분을 확인할 기회가 됩니다. 타문화 선교에 대한 소명을 고민하기 전에 반드시 확인해야 하는 자신의 구원을 제대로 검토해 본 적

---

9 앤드류 터틀, "선교로의 하나님의 부르심(God's Call to Ministry)" (목회학 박사 논문, 캘리포니아 신학대학원, 1987).

이 없는 사람이 있을 수 있습니다. 신자가 해외 선교를 하든 안하든 핵심이 되는 구원을 짚어 보는 것은 중요합니다.

부르심의 두 번째 영역은 인류를 자신과 화목하게 하려는 하나님의 계획에서 그리스도인들이 하는 역할을 이해하는 것과 관련이 있습니다 (고린도후서 5:17-19). 우리에게는 예수님을 믿지않는 이들이 주님과 화목할 수 있도록 이들을 그리스도께로 인도하는 역할이 있습니다. 주님이 일하시지만, 주님은 그분의 백성, 즉 교회에 화목의 사역을 주셨습니다. 신자들이 다른 문화권에 있는 사람들을 섬기기 위해 다른 나라로 이주하는 것을 생각하기 전에, 그들은 고린도후서에서 말하는 화목의 사역을 수용하면서 그들 주변에 사는 이웃에게 소금과 빛이 되어야 할 기회와 책임을 알아야 합니다 (마태복음 5:13, 14). 이 사역에 참여하기 위한 훈련이 필요할 수 있습니다. 복음이 필요한 누구에게든지 복음을 전할 수 있는 훈련과 준비를 할 필요가 있습니다. 공동체에서 성경 공부가 끝났을 때 교회는 다음 단계가 준비되어 있어야 하며, 신자들이 효과적인 복음의 증인이 될 수 있도록 훈련과 멘토링을 제공해야 합니다.

부르심의 세 번째 영역은 교회에서의 봉사입니다. 성경은 주님께서 모든 신자에게 신령한 은사를 준비시켜 주셨다고 말합니다. 신자들이 자신의 영적 은사를 발견하고 그 은사를 교회에서 봉사할 수 있도록 하는 것은 교회 리더십의 책임입니다(로마서 12:1-8, 고린도전서 12:1-31). 이 교훈은 교회 리더십들이 성도를 온전케 하는 책임을 완수하도록 도전하는 것입니다(에베소서 4:11-13). 신자들이 다양한 사역에서 시행착오를 겪기 때문에 시간이 걸릴 수 있지만, 하나님께서 교회 봉사를 위해 그들을 어떻게 성숙하게 하시는지에 대한 이해가 있어야 합니다. 성경에 언급된 영적 은사를 살펴보면 교회 안에서 봉사하는 영적 은사를 확인하고 실천하는 건설적인 방법을 알 수 있습니다.

이 처음 세 가지 영역의 부르심은 모든 신자에게 중요합니다. 공동체 안에서 성경 공부는 새로운 신자, 특히 순종과 신앙으로 주님을 따를 방법에 대해 더 배우고자 하는 사람에게 유익할 수 있습니다.

부르심의 네 번째 영역인 타문화 선교에 대해 부르심을 고려할 때, 우리는 주님께서 개인의 삶에 부여하셨을 수도 있는 보다 더 구체적인 부르심을 살펴봐야 합니다. 이것은 다른 언어권, 민족 또는 다른 문화적 관점 가운데서 복음을 전하는 것을 의미할 수 있습니다. 익숙함과 편안함의 장소에서 벗어나서 다르고 불편한 세상으로 들어가는 법을 배우는 것을 의미합니다.

이 부르심이 반드시 다른 나라로 이주하거나 집을 떠나는 것을 의미하는 것은 아닙니다. 사실, 이 부르심은 자신의 지역, 특히 주요 도시 중심에서 행해질 수 있습니다. 많은 타 문화권 사람들이 자신의 지역 근처에 살고 있지만, 이들을 대상으로 한 사역의 기회를 이해하거나 인식한 교회는 많지 않습니다. 그들이 듣고 이해할 수 있도록 누군가는 그들에게 복음을 전해야 합니다. 이러한 유형의 타문화 사역은 이전 장에서 교회 근처에서 모슬렘 도서관과 공동체를 발견한 교회 목사의 이야기로 설명되었습니다. 타문화 사역의 기회는 본질적으로 바로 우리 옆, 이웃에 있습니다.

부르심의 다섯 번째 영역은 복음 증거가 필요한 곳으로 이주하기 위해 집과 친숙한 것들을 떠나라는 부르심입니다(로마서 10:13-15). 에베소서 4장 11절은 성령께서 어떤 사람들을 "사도" 즉 "보냄을 받은 자들"로 부르신다고 명시하고 있습니다. 이 부르심을 완수하려면 보냄을 받은 자들이 미전도 종족에게 복음을 전하기 위해 집을 떠나야 합니다. 수천 개의 미전도 종족이 남아 있는 가운데, 많은 신자가 주님의 부르심을 받아 선교지로 떠나고, 현지 언어와 문화를 배우고, 복음을 들어보지 못한 자들과 함께 성육신적인 증인으로 살아가야만 지상대사명을 완수할 수 있습니다.

부르심의 여섯 번째 영역은 교회의 동의입니다(로마서 10:11-15, 사도행전 13:1-3). 그리스도인의 삶은 공동체 안에서 살아가도록 이루어져 있으며, 중요한 결정은 공동체와 함께 내려야 합니다. 공동체에서 이러한 교훈을 공부하면 선교사 후보자와 교회의 교인들이 함께 선교에 대한 중요한 결정을 내릴 수 있습니다. 그러므로 안디옥 교회와 마찬가지로 교회가 이 책임을 진지하게 받아들이는 것이 중요합니다. 바울과 바나바는 성령님의 특별한 부르심을 받았지만, 파송 받기 전에 교회는 함께 기도하고 금식하고 안수했습니다. 안디옥 교회가 파송 책임을 진지하게 받아들인 것처럼 오늘날 교회도 책임을 지고 로마서 10장 13-15절 말씀을 성취해야 합니다.

부르심의 일곱 번째 영역은 민감한 부분이지만, 그럼에도 부부가 선교를 나가고자 한다면 다루어야 합니다. 남편과 아내는 복음을 위해 새로운 장소로 선교를 생각할 때 부부의 소명이 조화를 이뤄야 합니다(에베소서 5:21-33). 남편과 아내는 은사와 기회에 따라 선교지에서 다른 역할을 맡을 수 있습니다. 그러나 그들은 주님께서 부부로서 그들에게 주신 것에 동의해야 하고, 가족의 일환으로써 함께 이해하려고 노력해야 합니다. 일부 파송 단체에서 항상 그런 것은 아니지만 IMB는 남편과 아내를 모두 선교사로 임명합니다. 기독교 가정은 현지의 다른 가정들과 얼마나 다른지 본보기가 됨으로 그로 인해 선교지 문화에 큰 영향을 끼칠 수 있습니다. 게다가 많은 문화권에서 여성은 여성에게 복음을 전하고 남성은 남성에게만 복음을 전하는 것이 적절합니다. 그러므로 은사와 가족의 필요를 고려할 때 남편과 아내는 둘 다 타문화 선교사로 봉사하고 준비하라는 주님의 부르심을 느껴야 합니다. 선교사 후보자를 평가하는 역할을 해온 우리의 경험에 의하면 남편과 아내가 연합하지 않을 때 복음이 종종 순수성을 잃게 되고 선교지에서 오래 머무를 수 없는 것을 보아왔습니다.

하나님의 부르심은 모든 신자의 삶에서 분명해야 하지만 그렇다고 해서 모든 신자가 가족과 집을 떠나 타문화 선교사가 되도록 부르심을 받은 것은 아닙니다. 그러므로 타문화 선교사로의 부르심은 공동체 안에서 부르심의 일곱 가지 영역을 실천하면서, 인생의 단계를 깨닫고, 주님께서 섬기게 하시는 곳에 관한 많은 요인들을 이해하며 주의 깊게 고려되어야 합니다.

타문화 선교 명령. 이 성경 공부는 사도행전 10장에 초점을 맞추고 주님께서 어떻게 유대인 제자들이 민족 중심적인 사고에서 벗어나 복음이 필요한 수많은 이방인에게까지 복음을 전하게 하셨는지 살펴봅니다. 베드로의 경험은 하나님의 계획이 마태복음 28장 19, 20절의 지상대사명에 언급된 바와 같이 진정으로 모든 민족을 의미한다는 것을 보여주었습니다. 베드로는 하나님께서 그의 구원 계획에 모든 이방인과 심지어 통치하고 있는 로마 정부의 사람까지 포함하셨다는 것을 완전히 이해하기 위해 이 환상이 필요했습니다.

성경 공부는 참가자들이 자신의 편견과 안락한 생활과 문화에서 벗어나 낯설고 매우 불편할 수 있는 다른 문화로 들어가려는 의지에 대해 도전합니다. 이 공부는 선교를 나가는 것에 확신을 주거나 선교를 결정하기 전에 해결해야 할 염려나 문제를 드러나게 할 것입니다.

선교사의 성품. 성경 공부의 세 번째는 로마서 12장과 빌립보서 2장 1-5절을 살펴봅니다. 이 공부는 적합한 성품과 부적합한 성품을 비교 대조하며 영적 은사로 교회에서 봉사하는 것과 연결합니다. 이 구절에서 선교사의 요건에 대해 명시하고 있지는 않습니다. 다만 핵심은 선교사가 그리스도의 성품을 닮은 최고의 성품을 지녀야 한다는 것입니다. 이것은 성경의 많은 부분에 언급하고 있는 주님을 따르는 자들에 대한 표준입니다. 성경 공부는 자신의 성품을 돌아보게 하고, 성장 가능성이 있는 부분을 인식하는 기회를 제공합니다.

선교사의 삶. 때때로 사람들은 선교사의 삶을 모든 것이 계획대로 진행되는 모험으로 봅니다. 대조적으로, 특히 타문화 선교사로서 예수님을 따르는 것은 도전적이고 예상치 못한 경험으로 이어질 수 있습니다. 마태복음 8장 18-27절에서 예수님은 사람들에게 자신을 따르라고 부르셨습니다. 많은 사람이 기꺼이 그렇게 할 의향을 나타냈지만, 예수님은 그들과 대화를 통해 그들의 헌신과 동기를 시험했습니다. 오늘날 우리도 같은 질문을 스스로 해야 할 것입니다.

이 성경 공부는 새로운 선교사들이 선교지에서 적응하는 법을 배울 때에 간혹 예상 못하는 방식으로 발생하는 생활 속의 세 가지 영역을 공부합니다. 첫 번째 영역은 익숙한 것들의 상실입니다. 예수님은 마태복음 8장 18-20절에서 자기를 따르고자 하는 서기관에게 인생이 다를 뿐 아니라 그가 익숙한 삶보다 훨씬 덜 안락할 것이라고 말씀하시면서 도전하셨습니다. 생활 조건, 음식, 이동 수단, 그리고 선교 생활의 미묘

지속적인 선교를 위한 여덟 단계

하고 사소해 보이는 위생, 교통, 소음과 같은 측면에다 타문화적 스트레스가 더해지면 신경이 예민해질 수 있습니다.

다음 두 구절(마태복음 8:21, 22)은 두 번째 영역인 가족 및 가족 관계에 대한 잠재적 결과를 말합니다. 오늘날의 세계는 전자 통신을 사용하면 가족이 수천 킬로미터 떨어져 있는 경우에도 연락을 유지할 수 있습니다. 그러나 가족 관계에 대한 어려움은 훨씬 더 깊을 수 있습니다. 선교사들은 사역하는 장소가 멀기 때문에 결혼식, 출산, 장례식과 같은 중요한 가족 행사를 자주 놓치게 됩니다. 가족이 위기에 처했을 때 선교사는 같은 나라에 있지 않아 다른 가족이 짐을 지는 것을 도와줄 수 없으므로 가족 간 갈등이 생길 수 있습니다. 또한, 선교사의 자녀들은 종종 부모의 문화보다 그들이 성장하고 있는 선교지 문화와 더 밀접하게 결속됩니다. 이것은 조부모, 삼촌, 숙모가 그들을 보았을 때 낯설게 합니다.

하지만 반드시 그렇지만은 않습니다. 선교사들은 생일과 휴일을 기억하고 집에 돌아갈 기회가 있을 때, 양질의 시간을 보내는 것과 같은 실제적인 방법으로 가족과 연락을 유지할 기회를 활용할 수 있습니다. 한 선교사는 그의 어머니가 다른 손주들보다 선교사의 자녀를 더 가깝게 느꼈다고 말했습니다. 함께 할 수 있을 때 많은 시간을 함께하며 끈끈한 유대관계를 쌓았기 때문입니다. 손주와 할머니는 수천 킬로미터 떨어져 있음에도 불구하고 정기적으로 서로 편지를 쓰고 사진과 이야기를 교환하고 삶을 공유했습니다.

선교사 가정의 경우, 가족 및 친척과의 관계가 바뀌고 갈등이 있을 수 있습니다. 특히 선교사의 부르심을 이해하지 못하거나 선교 사명을 중요하게 생각하지 않는 사람과의 관계는 더욱 어려울 수 있습니다. 이러한 갈등을 피할 수는 없지만, 선교사와 교회는 상황을 인식하고 최선을 다하는 조처를 취해야 합니다. 가장 중요한 것은 가족은 지상대사명의 '보내는 자'의 역할을 인식하고, 선교사는 '보냄을 받은 자'라고 인식하며 격려하는 것입니다. "타문화 선교를 위한 계획"(5단계)에서 우리는 참가자들이 좋은 '보내는 자'가 되기 위해 무엇이 필요한지 열거한 다음 그 책임을 완수하기 위한 행동 계획을 제시합니다.

마지막으로, 이 성경 공부는 선교사들에게 큰 영향을 미치는 세 번째 영역인 극복할 수 없어 보이는 도전에 대처하는데 도움이 됩니다. 제자들이 직면한 폭풍은 선교사들이 현장에서 직면할 수 있는 많은 갈등, 즉 쉽게 대답할 수 없는 압도적인 문제를 나타낼 수 있습니다. 제자들이 환경을 다스리시는 예수님의 능력에 감탄한 것처럼 마태복음 8장 23-27절은 우리가 누구를 섬기고 있는지 상기시켜주며 희망을 줍니다. 우리가 섬기는 주님은 온 우주의 창조주이시며, 폭풍 속에서도 그분의 손안에 거하는 것이 가장 좋습니다. 이 구절은 해결책이 보이지 않는 어려운 시기를 견뎌낼 수 있는 희망을 줍니다.

4단계: 선교사 양성

선교사의 사역. 마지막 성경 공부는 사도행전 18장과 디모데후서 2장 1-3절에 근거하고 있습니다. 바울과 동역 선교사들이 세계의 많은 지역에 복음을 전한 1세기 교회의 상황에서 선교사의 사역을 살펴보는 것은 도움이 됩니다. 바울은 다른 사람들을 양육하고 훈련하면서 최선의 노력을 했습니다. 이 구절은 또한 선교사의 역할과 목사의 역할을 토론하고 대조할 기회를 제공합니다. 서로 겹치는 많은 역할이 있지만 선교사는 의도적으로 현지 교회 지도자에게 위임의 단계로 나아가려는 비전을 가지고 전체 선교의 과업을 염두에 두어야 합니다.

의도적으로 노력한다면 모든 교회에서 선교사를 세우는 것이 가능합니다. 본질적으로, 교회는 신자들이 그들의 소명을 이해하고 완전히 받아들이도록 제자를 삼고 있습니다. 교회 안에서 이 과정이 이루어지는 것은 제자훈련의 중요한 부분입니다. "타문화 선교사 선발 및 훈련"(6단계)에서 논의하게 되는 목표는 모든 신자가 주님께서 그들에게 주신 은사를 사용하여 적합한 시기에 적합한 장소에 있도록 돕는 것입니다. 몇몇의 경우, 그들은 타문화 선교사로 섬기고 그 부르심을 완수하기 위해 가족들과 선교지로 가게 될 것입니다. 그리고 대부분은 집 근처에서 사역이나 세상 속에서 직장을 갖고 잃어버린 영혼들에게 빛과 소금으로 사는 것을 의미합니다(마태복음 5장). 그리스도인이 섬김의 장소를 발견할 때, 그곳이 어디든 그들은 기뻐할 수 있습니다.

6

5단계
타문화 선교를 위한 계획

최근 몇 년 동안 인구가 거의 2,700만 명에 달하는 섬나라 마다가스카르에서 교회가 엄청나게 성장했습니다. 인구가 많은 섬의 남부 지역에 교회 개척이 확장되었고, 10년이 지난 후 그곳의 신자들은 한 번도 복음을 들어본 적 없는 사람들에게 복음을 전해야 하는 하나님의 부르심과 그들의 책임을 느꼈습니다. 그들은 험준한 차라타나나 산맥으로 인해 남부와 분리된 섬 북부의 외딴 지역에 사는 미전도 종족에 대해 특히 마음이 쓰였습니다. 북부에는 통신, 교통을 위한 사회 기반 시설이 거의 없었습니다.

마다가스카르 침례교 교단의 지도자들은 이 부르심을 완수하기 위해 교회와 교단이 할 수 있는 일에 대해 기도하고 생각하기 시작했습니다. 그들은 마다가스카르에서 선교하고 있는 국제선교부(IMB) 선교사들을 통해 IMB 세계화팀에 연락했습니다. 그

지속적인 선교를 위한 여덟 단계

들은 미전도 종족 지역에 마다가스카르 선교사를 보내길 바라고 있었고, 효과적으로 선교사를 보낼 수 있도록 IMB 세계화팀에게 섬으로 와 달라고 도움을 요청했습니다.

이 인도양의 섬에 도착한 지 얼마 되지 않아, 우리는 항공 선교사회 단발 엔진 세스나 비행기(Missionary Aviation Fellowship Single-engine Cessna, MAF)에 올라 섬 북부를 탐사하고 그곳의 기독교와 교회의 상황을 평가했습니다. 우리는 두 명의 IMB 선교사와 세 명의 마다가스카르 침례교단 동역자와 함께 비행기로 북부를 대표하는 지역으로 이동했습니다. 최근 내린 비로 도로 사정이 좋지 않았지만, 비행기는 착륙할 수 있을 것 같았습니다. 우리가 북쪽의 비포장 활주로에 접근했을 때 MAF 조종사는 우리가 착륙을 준비하고 있음을 근처 농부들에게 알리기 위해 선회했습니다. 농부들은 활주로에서 가축을 몰아서 우리가 착륙할 수 있도록 했습니다. 시장과 인구가 많은 거주지 등 여러 장소 중에서 우리는 먼저 지역 경찰서를 방문하여 우리의 방문 사실을 알렸습니다. 이 마을에 외국인이 방문하는 일이 적었기 때문입니다.

이 지역은 경제적으로 침체되어 있을 뿐만 아니라 섬 남부의 교회 성장이 외딴 북부 지역에 영향을 미치지 않고 있음이 분명했습니다. 그 대신에 우리는 그곳에서 정령 숭배, 조상 숭배, 악한 영과 귀신을 두려워하는 모습들을 발견했습니다. 지역 주민들은 부적들, 악한 영을 달래기 위한 작은 물건들을 집과 나무에 두었습니다. 우리가 발견한 소수의 기독교인은 그곳의 정령 숭배 관습에 관해 이야기하고 사람들이 영적으로 갈급한 상태라고 말했습니다. 기독교인이 아닌 지역 공무원조차도 사회 발전에 긍정적인 영향을 미치기 위해서는 기독교 선교사가 필요하다고 말했습니다. 무엇보다 중요한 것은, 우리가 발견한 소수의 신자가 미래에 개척될 교회의 토대가 될 수 있다는 것입니다. 그리고 그 신자들은 그들이 주님 안에서 성장하도록 돕고 새로 개척될 교회의 일원이 되는 방법을 가르쳐줄 리더십이 필요하다고 말했습니다.

탐방 일주일 후, 마다가스카르 침례교 교단 연례 모임에 참석한 300명의 대표자가 우리의 탐방 보고를 들었습니다. 그 모임에서 교단 회원들은 이 선교를 가장 잘 수행할 방법을 모색하기 위해 10명으로 구성된 위원회를 구성하는 것을 압도적으로 승인했습니다.

몇 달 후, 교단은 우리를 다시 초대하여 그들의 비전을 실현하는데 도움이 되는 8단계 상담을 요청했습니다. 상담하는 동안 우리는 교단의 선교 위원회, 교단 지도자와 그 배우자의 그룹, 마다가스카르에서 선교하고 있는 IMB 선교사 세 가정과 함께 8단계를 공부했습니다. 정직하고 자유로운 토론을 하는 동안 각 단계에서 어려움이 드러났지만, 참가자들은 계속 주님의 인도를 구하며 전진하기로 했습니다. 참가자들의 초점은 원래의 질문으로 돌아갔습니다. "마다가스카르 사람들에 대한, 특히 북부 지역의 사람들에 대한 하나님의 마음은 무엇입니까?"

답을 구하면서 참가자들은 집중 기도 시간을 갖고, 관련 성경 말씀을 읽었습니다.

5단계: 타문화 선교를 위한 계획

그들은 복음에 대한 접근이 거의 또는 전혀 없는 지역에 살았던 북부 마다가스카르의 다양한 언어와 문화적 배경에 대해 논의했습니다. 그런 다음 벽에 커다란 종이를 붙인 후 섬의 윤곽을 그리고 복음주의 교회의 위치를 종이 위에 표시했습니다. 섬의 절반인 북부에는 교회가 거의 없었습니다. 그곳에 복음 증거가 부족함을 보며 참가자들은 무릎을 꿇고 주님께 인도하심과 앞으로의 방향을 구했습니다.

기도와 하나님의 말씀을 읽고 묵상하는 시간이 끝난 후, 참가자들은 구체적인 행동 단계가 있는 계획을 세우기로 결심했습니다. 그들은 소규모 실행위원회를 만들고 작성한 기도 편지를 여러 교회에 배포하는 것을 먼저 실행하기로 했습니다. 기도 편지는 북부의 낮은 복음화 상황을 설명하고 교회가 기도를 시작하도록 구체적인 요청을 했습니다. 이 정보에는 지역별 인구수, 이단 현황, 복음을 방해하는 요소들이 포함되었습니다. 기도 편지는 또한 예수님께서 마태복음 9장 37-38절에서 명령하신 대로 "추수할 일꾼"의 필요성을 설명했습니다.

실행위원회는 사회 복지가 부족한 북부로 파송될 마다가스카르 선교사들이 재정 지원을 받을 수 있는지, 정부의 일자리 기회가 있는지를 조사하라는 요청을 받았습니다. 또한 그들은 추가 탐방도 계획했습니다. 참가자들이 모임이 끝나고 그 방을 떠날 때쯤, 그들은 주님께서 소외된 북부에 선교사를 파송하라는 부르심을 완수하는데 필요한 것을 마련해 주실 것이라고 확신했습니다.

히브리서 11장 6절은 "믿음이 없이는 하나님을 기쁘시게 하지 못하나니..."라고 말합니다. 마다가스카르 침례교 교단의 압도적인 합의는 성령님의 인도하심을 따르기 위해 믿음으로 나아가야 하고 주님께서 공급하실 것을 신뢰함으로부터 나온 것입니다. 따라서 그들은 선교를 시작하기 위해 간단하지만, 실행 가능한 몇 가지 단계를 계획했습니다.

1. 그들은 계획을 구체화하기 위해 작은 그룹을 선택했습니다.
2. 그들은 여러 교회에 기도 편지를 배포했습니다.
3. 그들은 섬 북부의 잠재적인 선교사들을 위한 고용 기회를 모색하기 위해 실행위원회를 설립했습니다.
4. 그들은 북부의 미전도 지역을 방문하기 위해 추가 탐방을 계획했습니다.

계획대로 진행하기

많은 교회와 목회자들은 교회의 규모나 재정적인 한계로 인해 선교에 참여할 수 있는 잠재력이 제한되어 있다고 느낄 수 있습니다. 그러나 작은 교회라도 선교에 상당한 이바지를 할 수 있습니다. 각 교회는 할 수 있는 일과 주님께서 교인들의 마음에 두신 일을 해야 합니다. 선교가 교회 비전 중 핵심이라면 주님께서 선교의 방향을 알려주시고 필요한 자원을 공급해 주실 것입니다. 그러나 선교의 진전을 위해 교회는 교인이 "보내는 자"이든 "가는 자"이든 상관없이 선교에 대한 참여를 초대하고 도전하는 행동 계획을 가지고 있어야만 합니다. 교회가 선교사를 파송하고 유지하기 위해서는 포괄적인 계획이 필요합니다. 마다가스카르의 교회들은 선교 경험이 거의 없었습니다. 그러나 그들은 마다가스카르에서 선교하고 있는 IMB 선교사들의 도움과 IMB 국제 팀의 8단계 상담, 성경 공부, 기도를 통해 성령님께서 마음에 두신 선교 비전을 품고 의도적으로 전진했습니다. 한 가지 중요하게 살펴봐야 하는 것은 IMB 선교사와 맨토링 팀이 정보와 조언을 제공했지만, 마다가스카르 북부 지역 선교의 주도권이 외부자에 의해 생기지 않았다는 것입니다. 마다가스카르 침례교 교단은 주님의 인도하심을 구하고 말씀을 공부한 후 '지속적인 선교를 위한 여덟 단계'의 내용을 통해 일하면서 자체적인 계획을 세웠습니다. 이 모임에서 특별히 중요한 것은 2단계에 있는 교회 동원의 "6가지 중요한 질문"과 선교의 범위를 이해하는 것이었습니다.

계획 시작하기

우리는 아래에 나열된 다섯 가지 기본 활동으로 교회가 선교사 파송 계획을 시작할 것을 권장합니다. 이 활동 중 일부는 모든 교인이 영적 은사를 사용해 교회를 섬기는 건강한 교회가 되는 것과 같은 이전 장에서 다룬 내용들입니다. 또한 교회는 지역 사역에서부터 국경을 넘어 해외까지 도달하는 타문화 선교에 이르기까지 모든 수준의 사역에 대한 이해를 넓히는 방법을 알아야 합니다. 또한 우리는 소그룹이나 선교 위원회가 파송 교회가 되기 위한 세부 사항을 고려하고, 전 교인을 그 노력에 참여시키고, 선교사로 섬길 것을 고려하고 있는 개인이나 부부의 사생활을 존중할 것을 권합니다. 마지막으로, 교회는 그 과정을 실행하기 위한 행동 단계를 개발해야 합니다. 여기에는 재정 마련, 동역자 개발, 선교사를 장기적으로 재정적으로나 영적으로 지원하는 것을 포함합니다.

5단계: 타문화 선교를 위한 계획

선교사를 파송하는 교회 되기

선교사를 파송하는 교회가 되기 위한 기본 사항은 다음과 같습니다.

1. 모든 교인이 영적 은사를 사용하여 교회 봉사를 담당하게 합니다 (에베소서 4:11, 12). 교인들이 봉사하도록 참여시키는 것은 잠재적인 선교사를 확인하는 첫 번째 단계입니다.
2. 사도행전 1장 8절의 교회가 되도록 준비합니다. 이것은 예루살렘과 같이 교회 근처에 있는 잃어버린 영혼들을 인식하는 것으로부터 시작합니다. 그 다음에는 사마리아와 같이 지역 내 타문화권 전도 대상자에게 시선을 이동합니다. 유대는 비슷하거나 다른 문화적 배경을 가진 사람들이 있는 더 넓은 지역에 다가가는 것을 말합니다. 그리고 마지막으로 땅 끝까지 증인이 되어야 합니다.
3. 선교에 대한 전문 지식을 쌓을 모임을 구성합니다. 그 모임은 교회와 협력하여 주님께서 기회를 주시는 대로 선교사 파송의 모든 측면에 대한 계획을 준비할 것입니다.
4. 교회 안의 가장 어린 아이들부터 노인들에 이르기까지 전체 교회를 선교 계획에 참여시킵니다.
5. 다음에 나오는 요소를 포함하는 선교 계획을 준비하십시오.

    - 교회 안에서 열방과 특정 미전도 종족을 위해 기도합니다.
    - 가능한 범위 내에서 지역 및 그 외 지역에서 타문화 사역의 기회를 제공합니다.
    - 선교를 위한 재정 마련 계획을 세웁니다.
    - 특히 기도의 참여를 위해 가능하면 선교사 파송 단체나 교단의 해외 선교 부서의 경험과 전문지식을 활용합니다.
    - 선교사를 평가하는 전문지식을 제공할 수 있는 선교사 파송 단체와 협력합니다. 선교사 후보자의 준비 상태를 평가하기 위해 소그룹 선교 부서에 권한을 부여합니다. 소그룹 선교 부서는 선교사 후보자의 기밀을 보호하면서, 교회뿐만 아니라 후보자와 선교 현장의 유익을 위해 철저한 평가가 이루어졌는지 확인합니다. ("동역자 개발 ", 7단계 참조)
    - 교회에서 장기 선교사 파송을 준비할 때 그들이 선교하는 동안 지속적인 지원과 격려를 위한 계획을 세웁니다. 이 계획에는 교회 리더십들과의 정기적인 의사소통과 비정기적인 방문 및 협력적인 단기 선교가 포함될 수 있습니다. 여기에는 고국에 남는 선교사의 가족을 위한 격려와 지원도 포함됩니다. 예를 들어 고국에 남은 연로한 선교사의 부모를 격려하고 도움을 주는 것입니다.

지속적인 선교를 위한 여덟 단계

마다가스카르에서 교단의 모든 교회를 타문화 선교에 참여시키려는 계획은 비교적 빨리 진행되었습니다. 처음 선교지 탐방으로부터 교단의 승인을 받고 실행위원회의 계획을 시작하는 데까지 약 1년 정도밖에 안 걸렸습니다. 이것은 선교사들과 지역 목회자들이 선교를 위해 기도했기 때문입니다. 실제 계획이 시작되기 전에 선교 비전이 그들의 마음에 구체적으로 그려지기 시작했습니다. 교단의 많은 리더십이 선교에 참여했고 전진할 적합한 시기를 기다리고 있었습니다. 선교가 필요한 지역이 같은 나라 안에 있다는 사실은 선교 진행을 빠르게 만들었습니다.

선교 계획을 실행하기

그에 반해, 쿠바 동부침례교단(EASTERN BAPTIST CONVENTION OF CUBA)은 효과적인 선교 계획을 세우는 데에 약 3년이 걸렸습니다. 선교 계획이 시작될 때 동부침례교단 리더십들은 열방에 선교사를 열심히 파송할 때가 되었음을 알았습니다. 그들은 몇 년간 선교사를 파송하려고 했지만, 그러한 시도는 의견 차이, 재정 문제, 여행 제한등의 극복하기 어려운 장애물에 직면했었습니다.

이미 IMB와의 관계가 수립된 상황에서 교단 총회장은 선교사를 모집하고 열방에 파송하는 전략을 개발하는 데 도움을 받기 위해 저희 IMB 세계화 팀을 쿠바에 초대했습니다. 교단 리더십 전체가 첫 번째 모임에 참석했습니다. 그 모임에서 리더십들은 하나님께서 그들의 마음에 주신 일에 대한 비전을 나누었습니다. 먼저는 가까운 문화권인 스페인어를 사용하는 미전도 종족들에게 선교사를 파송해서 교회를 개척하고, 후에 다른 언어권과 종족들에게 선교사를 파송해 교회를 개척하는 것이었습니다.

교단 총회장은 복음이 쿠바에서 열방으로 전파되는 것을 보고자 하는 열정이 있었습니다. 그러나 그는 자신이나 리더십 그룹이 이러한 노력에 대해 계획과 결정을 내릴 필요가 있다는 것을 알지 못했습니다. 교단 리더십들은 선교사를 어떻게 보낼지에 관한 생각보다, 선교에 적합한 후보자를 고르는 것이 더욱 중요하다고 생각했습니다. 이를 위해서는 자격을 갖춘 선교사를 선택하고 파송하는 것과 관련된 특정 업무에 집중하는 소그룹 팀이 필요했습니다. 교단 리더십들은 쿠바인 선교사들이 선교지에 성공적으로 파송되는 것을 보기 위해 많은 도전을 해결해야 한다는 것을 인식하며 기도하고 토론했습니다.

교단에는 이미 선교 네트워크가 있었기 때문에 교단 총회장은 선교사를 모집하고 조직하는 일을 담당하는 팀을 선교 국장에게 맡겼습니다. 새로 구성된 팀의 일원이 되기 위해 각 구성원은 선교에 대한 열정을 보여야 했지만, 특정 전문지식도 필요했습니다. 팀에는 각 지역의 교회를 대표하는 선교부 리더십들이 포함되었습니다. 또한 선교사 후보자의 신학적 건전성을 평가하고 발전시키는데 도움을 줄 신학자와 같은 전문가가 필요했고 후보자의 신체적, 정서적 건강을 평가하기 위해 의사와 기독교 상담학자가 필요했습니다. 동부쿠바 침례신학교의 교수가 팀의 신학자로, 같은 신학교의 스페인어 교수가 선교사 지원 자료 개발을 돕기 위해 임명됐습니다. 선교 국장은 또한 행정에 재능이 있는 비서를 고용하여 잠재적 후보자의 지원 서류를 관리하도록 했습니다.

일단 팀은 선교사 지원자를 처리하는 업무 연습이 필요했습니다. 조언자로서 우리는 지원 양식을 정리하는데 도움을 주기 위해 그들과 후속 회의를 했습니다. 우리는 또한 그들이 지원서 검토, 인터뷰 수행, 일자리 기회 평가와 같은 기술을 연습하도록 도왔습니다. 팀은 선교사 지원자에 대한 자체 의사결정 체계를 결정함과 동시에 지원자의 개인정보를 철저하게 보호했습니다.

앞서 언급했듯이 이 과정은 교단 지도자들이 철저히 준비하고, 연습하여 실행하기까지 약 3년이라는 시간이 걸렸습니다. 쿠바 동부 침례교단은 타문화 선교사 파송과 관련된 모든 근본적인 문제를 다룰 뿐만 아니라 구조적으로나 문화적으로 쿠바 특유의 문제를 해결하는 과정을 개발했습니다. 이것이 '8단계' 공부의 의도입니다. 원칙이 적용되면 파송 교회와 선교 단체는 모든 문화적 환경의 교회에서 선교를 효과적으로 실행할 수 있는 계획을 세울 수 있습니다.

실제적인 고려사항

교회가 의도적으로 선교하기 위한 조치를 함에 따라 선교사를 파송하는데 영향을 미치는 고려사항이 있습니다. 선교의 다양한 사역에 대한 예비 선교사의 경험, 효과적으로 의사소통하는데 필요한 언어, 특정 사역에 필요한 자격이 포함될 수 있습니다. 다른 경우에는 의사소통 제한, 교통수단 제한, 선교사 자녀의 필요한 것들에 대한 제한, 접근의 제한등을 고려하면서 선교하는 방법을 알아내는 데 실제적인 어려움이 있을 수 있습니다. 사회 기반 시설이 열악한 선교지에서 기존 기관 또는 이미 현장에 있는 다른 선교사 팀과의 파트너십을 통해 주택 구하기 및 이동 수단 같은 여러 분야에서 도움을 받을 수 있습니다.

선교 기금은 항상 선교 활동의 관심사입니다. 교회와 선교 단체는 직접 후원, 프로젝트 자금 조달, 협동 후원, 선교 비즈니스와 같은 다양한 재정 조달 방법을 포함하는 기금 마련을 위한 다양한 방식을 알고 있을 수 있습니다. 선교 기금의 출처가 하나일 경우 적절하지 않을 수 있으며 교회나 선교 네트워크는 다양한 곳에서 후원받을 수 있도록 해야 합니다. 선교지에서 복음을 전하는 선교사 가족을 지원해야 할 필요성이 있으므로 교회는 선교를 위한 기금 마련을 잘 인식해야 합니다. 여기에는 선교사 임무를 수행하기 위한 재정을 제공하는 것도 포함되어야 합니다.

기금 마련과 함께, 선교 현장에서 선교 후원금이 어떻게 사용되는지를 어느 정도

경계해야 합니다. 후원자에게 적절한 재정 보고서를 제공하는 책임 체계가 마련되어 있어야 합니다. 선교학적 의미로도 지속 가능성, 재생산성, 의존성과 같은 주요 문제를 해결하기 위해 이 부분을 조사할 필요가 있습니다. 교회 또한 교회의 청지기 훈련을 포함하여 늘어나는 재정적인 문제에 대한 영적인 훈련을 해야 합니다.

종종 새로운 선교사 파송을 회피하려는 한 가지 이유는 선교사에 대한 돌봄 때문입니다. 선교사 가족은 현장에서 어려움을 겪으며 지속적인 지원과 기도가 필요하며 때로는 목회적, 육체적 치유가 필요합니다. 특히 교회나 선교 단체가 자원이나 전문지식이 부족한 경우 적절한 파트너십을 개발하는 것이 도움이 될 수 있습니다. 그러나 작은 교회라도 선교사들과 연락을 유지하며 정기적인 기도와 격려를 할 수 있고, 생일, 명절과 같은 특별한 날이나 어려움을 당한 선교사들을 기억하며 돌볼 수 있습니다. "지역교회 동원"(2단계)에서 살펴보았듯이 전 교인이 선교사가 필요로 하는 것을 고려하고 선교사 가족에 대한 지원에 참여하는 것이 중요합니다. 선교사 돌봄 계획은 표준으로 정해져 있지 않지만 각 헌신자의 자원 및 전문지식에 따라 다릅니다. 파송 교회는 원활한 의사소통을 통해 멀고 어려운 곳에 있는 선교사들을 잘 섬길 수 있습니다. 파송 교회, 선교 네트워크, 파송 단체 사이에 협력이 잘 될 때 선교사들은 그들의 필요가 효과적으로 충족되기 때문에 큰 도움을 받습니다.

우리가 언급한 바와 같이 히브리서 11장 6절은 "믿음이 없이는 하나님을 기쁘시게 하지 못하나니 하나님께 나아가는 자는 반드시 그가 계신 것과 또한 그가 자기를 찾는 자들에게 상 주시는 이심을 믿어야 할지니라"라고 했습니다. 선교사 파송도 다르지 않습니다. 선교를 시작하는 데 필요한 모든 자원이 확보될 때까지 기다릴 수 없습니다. 하나님은 우리가 믿음으로 나아갈 때 종종 필요한 자원을 공급해주십니다. 마다가스카르와 쿠바의 교회가 좋은 예입니다. 그들은 여전히 해결되지 않은 엄청난 도전과 필요 사항을 가지고 있습니다. 그러나 그들은 계획을 세우고 하나님께서 자원을 주시는 대로 앞으로 나아가는 과정을 시작했습니다. 그들이 주님의 인도하심에 순종하여 더 많이 기도하고 행동할수록, 미전도 종족을 향한 장벽이 무너지고, 선교의 길이 더 곧게 될것입니다. 히브리서 11장 6절에서 말씀하듯이 우리에게 주어진 진리에 순종하며, 그것이 우리 모두의 간증이 되게 합시다.

6단계
타문화 선교사 선발 및 훈련

동남아의 부유한 도시의 한 대형 교회는 어려움을 겪고 있었습니다. 교인과 교회 리더십들은 자신들의 교회를 선교 중심적이라고 생각했지만, 장기 선교사 파송에 대한 비전은 거의 없었습니다. 교인들은 단기 선교와 교회 안에서 진행하는 프로그램을 지원하기 위해 기꺼이 헌금을 했지만, 선교사를 파송해 언어와 문화를 습득하고, 복음을 나누고, 교회를 개척하는 장기 선교에 대한 비전을 깨닫지 못했습니다.

교회 지도자들은 '지속적인 선교를 위한 여덟 단계'를 배우기 위해 우리 팀을 초대했습니다. 그들은 8단계를 배우면서 성경 전체에 나타난 열방을 향한 하나님의 마음을 분명하게 깨달았습니다. 한 교회 지도자는 "우리는 선교를 이제 시작했고, 앞으로 선교에 대해 진지하게 생각해야 합니다."라고 말했습니다. 그들은 교회에서 2~3년마다 가는 단기 선교가 하나님께서 교회에 주신 지상대사명을 수용하기에 부족하다고 느꼈고 변화가 필요하다고 생각했습니다.

교회 지도자들은 성경 공부를 통해 예수님을 믿지 않는 열방의 많은 이들에게 지속적인 영향을 미쳐야 한다는 것을 알게 했습니다. 그들은 교회에서 지속해서 단기 선교를 갔던 곳에 장기 선교사가 필요하다고 생각했습니다. 지금까지 그들은 단기 선교를 통해 해외에서 여러 프로젝트를 성공적으로 수행했습니다. 단기 선교 기간 동안 교인들은 복음 전도지를 통해 전하거나, 통역을 통해 복음을 전했습니다. 그러나 후속 조치나 선교지에 교회 개척을 위한 전략은 없었습니다. 단기 선교는 참가 교인들에게 비전을 제시하고 기도하도록 동원하는 데 유익했지만 이러한 짧은 몇 주간에 진행되는 선교는 장기 선교사를 배출하지 못했습니다. 그들은 선교지에 지속해서 있으며 현지인을 돕고, 교회를 개척할 파송 선교사가 필요하다는 것을 깨달았습니다.

교회가 이러한 장기 선교사를 파송하기 위해서, 하나님께서 장기 선교사로 부르실 수 있는 교인들을 분별할 필요가 있음을 깨달았습니다. 선교에 대한 동기 부여와 단기 선교 경험만으로는 장기 선교사로 선택하기에 충분하지 않았습니다. 그들은 또한 교회가 선교사를 세우는데 더 적극적일 필요가 있음을 알게 되었습니다. 따라서 교회는 "선교사 양성"(4단계)을 공부하고 토론하기 위해 선교사 후보자 모임을 조직할 계획을 세웠습니다.[10] 또한 우리는 이전에 선교사의 과업을 설명한 바와 같이, 적합한 사람을 적합한 시간에 적합한 장소로 보내는 방법을 이해할 수 있도록 돕기 위해 선교사 평가의 5가지 요소를 교회 리더십에 소개했습니다. 교회나 선교 단체는 선교에 적합한 사람을 파악하지만 많은 경우에 선교사 후보자는 선교지의 특별한 상황에 맞춰 그 이상으로 준비할 것들이 있습니다.

교회나 선교 단체가 선교사 후보자를 철저히 평가할 수 있도록 우리는 선교사의 삶을 5가지 요소로 분류했습니다. 5가지 요소를 공부하는 동안, 이 과정은 철저하게 진행되어야 하며 교회 또는 선교 단체의 선교사 평가팀은 신뢰가 있어야 하고 명예롭게 임해야 합니다.

선교사 평가의 5가지 요소

첫 번째 요소, 기독교인과 교회 정체감

기독교인과 교회 정체성의 관점에서 후보자의 삶을 평가하면 적합한 사람을 결정하는 데 도움이 됩니다. 평가팀은 후보자의 이러한 측면을 이해해야 할 뿐만 아니라 후보자도 자신을 평가하고 더 배워야 할 영역을 알 필요가 있습니다. 선교사 과업에서 리더십 훈련과 관련된 토론에서와 마찬가지로 이 평가에서도 같은 세 가지 영역, 즉

---

[10] "선교사 양성"(4단계)에서 논의된 다섯 가지 성경 공부는 부록에서 찾을 수 있습니다.

선교사 후보자가 어떤 사람이 되어야 하는지, 무엇을 알아야 하는지, 무엇을 해야 하는지 살펴봅니다.

선교사는 어떤 사람이 되어야 합니까? 이 측면은 후보자의 기독교인 성품과 관련이 있습니다. 선교사는 먼저 예수님을 믿는 자여야 하며 간증을 분명하게 말할 수 있어야 합니다. 또한 그들의 삶은 그리스도의 성품을 나타내야 합니다. 다른 사람들은 그들이 성숙한 성품을 가진 사람으로 인정해야 하며, 교회는 그 사람을 선교사 후보자로 추천할 수 있어야 합니다. 교인들은 선교사 후보자가 교회 안팎에서 다른 사람들과 건강한 관계를 맺고 있음을 알아야 합니다. 궁극적으로 선교사 후보자는 개인이 성령으로 변화되어 하나님이 삶의 모든 면에 영향을 주는 모범이 되어야 합니다.

선교사는 무엇을 알아야 합니까? 선교사는 성경에 대한 깊은 이해와 지식, 성경의 원리를 일상생활에 어떻게 적용할 것인가에 대한 이해가 있어야 합니다. 또한 하나님 말씀의 권위에 대해 깊이 확신해야 합니다. 그들은 정기적으로 하나님의 말씀을 스스로 공부하고 교회에서 건전한 신학을 가르치는 일에 참여해야 합니다. 신자의 침례, 주의 만찬, 삼위일체와 같은 기독교 교리에 대한 명확한 성경적 이해가 있어야 합니다. 더 나아가 그들은 교회나 선교 단체에서 가르치는 원죄, 하나님의 성품, 구원, 기본적인 교회론에 대한 확고한 이해가 있어야 합니다.

선교사는 무엇을 해야 합니까? 공동체 안에서 그들은 어떤 성품으로 섬기고 있고 어떤 가시적인 증인의 삶을 살고 있습니까? 선교사의 행동은 그들의 간증과 일치해야 합니다. 그들은 신자의 침례에 대한 주님의 명령에 순종하여 교회에서 행하는 주의 만찬에 정기적으로 참여해야 합니다. 그들은 개인 및 단체 기도와 성경 공부, 영적 은사를 사용한 교회 봉사를 포함해서 건전한 제자훈련의 모범이 되어야 합니다.

이 첫 번째 요소는 그리스도인의 정체성과 교회의 정체감을 통합합니다. 이것은 그리스도인이 혼자 사는 것이 아니라 신자들의 공동체인 교회 안에서 서로 도우며 사는 것을 강조합니다. 그러므로 예비 선교사의 기독교인 정체성은 교회 안에서 가시적으로 드러나야 하고, 증명되어야 합니다.

두 번째 요소, 선교사의 소명 확인

4단계에서 제시된 "선교로의 부르심" 성경 공부는 선교사 후보자와 교회가 부르심의 다양한 측면을 탐구하도록 돕기 위해 만들어졌습니다. 또한 후보자가 특히 타문화 선교사로 섬기기 위해 가족과 선교지로 이주하는 것을 고려하고 있는 경우 자신의 부르심을 명확히 하는데 도움이 됩니다. 후보자들은 부르심의 구체적인 내용이 명확해짐에 따라 교회로부터 조언, 기도, 상담, 추천을 받습니다. "선교사 양성"의 단계에서 언급되었듯, 안디옥 교회는 바울과 바나바의 파송을 진지하게 받아들였습니다. 교회는 상당한 시간 동안 그들과 함께 했기 때문에 그들을 잘 알고 있었습니다. 두 사람은 예루살렘에 있는 교회를 돕기 위해 헌금을 전달하는 단기 사역에서 그들의 충실함을 증명했습니다. 그럼에도 교회는 성령께서 지시하신 대로 그들을 선교지로 보내기 전에 기도하고 금식했습니다.

6단계에서 선교사로의 부르심을 평가하는 것은 앞서 4단계에서 설명한 자신의 부르심을 탐구하는 것과 다소 다릅니다. 4단계에서 후보자들은 자신의 삶에 대한 주님의 뜻을 명확히 하기 위해 7가지의 부르심 단계를 거칩니다. 이 단계에서 우리는 예비 선교사가 사역에서 특정한 역할을 하도록 하나님께서 부르신 적임자인지 평가하고 있습니다. 후보자가 자신의 선교 소명에 대해 확신이 없다면, 이후의 과정을 진행하기 위해 이전에 설명된 "선교로의 부르심" 성경 공부를 복습할 것을 권장합니다.

▬ 선교사의 소명 평가하기

잠재적인 선교사의 소명을 평가할 때 평가자는 소명의 네 가지 범주에 집중할 수 있습니다. 이러한 범주를 살펴보면 개인의 부르심이 주어진 시기의 생활 상황과 관련해서, 부르심을 어떻게 해석할 수 있는지 도움이 될 수 있습니다.

1. 구원으로의 부르심: 믿음과 회개 안에서 주님의 은혜에 응답하는 것.
2. 선교로의 부르심: 본질적으로 그리스도의 제자와 제자 삼는 자가 되도록 부르심을 받는 것.
3. 맡은 자리로 부르심: 삶의 다양한 상황은 우리가 현실의 생활 속에서 주님을 섬길 것을 요구합니다. 미혼이거나 결혼하거나 자녀를 낳는 것 등 다양한 상황을 말합니다.
4. 섬김으로 부르심: 하나님은 각 신자에게 교회에서 봉사하는 은사를 주셨습니다. 은사가 다 같지는 않지만, 자신의 영적 은사를 알고 그 은사를 교회를 섬기는 데 사용해야 합니다.[11]

▬ 부르심과 현실

우리는 아시아 선교사 훈련원에서 메이(Mae)*를 만났습니다. 메이는 해외 선교를 위해 몇 년 동안 준비하던 중 막바지에 갑자기 아버지께서 돌아가셨습니다. 그는 장애가 있는 어머니의 주요 간병인이었습니다 메이의 문화에서 보살핌이 필요한 가족을 부양하는 것은 가족의 책임이었습니다. 메이는 외동딸이었고 아버지

---

11 "소명", 기초(Foundations) 안의 내용 (리치먼드, VA: IMB, 2018), 65-66.

의 죽음으로 인해 낙심했습니다. 어머니를 돌봐야 했기 때문에 아버지의 죽음은 그녀가 선교사로 파송될 기회가 보류된다는 것을 의미했습니다. 이런 상황 속에서 그녀는 주님께서 마음에 주신 부르심을 이해하는데 어려움을 겪었습니다. '맡은 자리로 부르심' 토론 시간은 메이에게 새로운 관점을 주었습니다. 하나님은 때가 되면 여전히 그녀를 선교사로 사용하실 수 있지만, 지금 그녀의 위치는 어머니를 돌보는 것이었습니다.

우리가 선교사 파송 과정 전체를 논의할 때 우리는 "세 가지 적합함"의 균형을 맞춰야 합니다. 이 경우 메이는 해외 파송에 필요한 기술과 준비가 되어 적합한 적임자에 해당합니다. 그녀의 배경이 선교지의 필요 사항과 잘 일치했기 때문에 적합한 선교지도 정해졌었습니다. 그런데도 적합한 시기가 맞지 않았습니다. 시간이 흐르고, 그녀는 주님이 어머니를 돌보는 시간을 사용하셔서 지역 주민들에게 복음을 전하게 하실 것을 알게 되었습니다. 그녀는 주님께 선교로 부르신 마음을 지켜 주실 것과 자신이 현재 처한 곳에서 잘 섬길 수 있는 인내심을 달라고 기도했습니다.

▸ 지역과 민족을 넘어서

선교사들이 한 지역이나 민족에게 특정한 부르심을 느낄 때가 있습니다. 그러나 전쟁, 자연재해 또는 정부의 제한으로 인해 선교사들이 섬기고자 하는 지역이나 민족에게 접근할 수 없는 경우에는 선교가 중단될 수 있습니다. 특정한 부르심이 있을 수 있지만, 선교지 조사는 단순한 지역이나 민족 단위보다 훨씬 더 자세해야 합니다. 예상치 못한 상황으로 인해 선교 계획이 바뀌더라도 주님의 뜻에 순종하고 주님의 인도하심을 기꺼이 따라야 합니다. '누구를 보내야 할까요? (Whom Shall We Send)'[12] 라는 책에서 앤디 터틀(Andy Tuttle)은 특정한 임무는 단기간 내에 끝날 수 있지만, 선교의 부르심은 평생 계속된다고 말했습니다.

결혼한 예비 선교사를 평가하는 경우, 평가자는 남편과 아내와 함께 부르심의 개념에 대해 논의해야 합니다. "선교의 소명" 성경 공부는 남편과 아내가 그들의 부르심 안에서 연합해야 할 필요성을 언급합니다. 종종 둘 중 한 명은 부르심을 느끼지 않을 수도 있습니다. 부부 중 한 명이 먼저 부르심을 느낄 수 있습니다. 그 부르심을 배우자와 나누는 것이 중요하지만, 주님의 때에 따라 주님께서 배우자의 삶에서 일하실 수 있도록 인내심을 가져야 합니다. 중요한 것은 부부가 조화

---

12 앤드류 터틀, "선교 소명의 측면(Facets of a Call to Missions)" 누구를 보내야 할까요?(Whom Shall We Send?) 안의 내용. 선교사 파송의 본질 이해하기(Understanding the Essentials of Sending Missionaries), 조엘 서튼 (리치먼드, VA: IMB, 2016), 71.

롭게 일하면서, 둘 중 한 사람이 가질 수 있는 질문과 걱정을 해결할 시간을 허락해야 한다는 것입니다.

그러한 커플 가운데 프랭크(Frank)*와 케이(Kay)*가 있습니다. 프랭크는 타문화 선교에 대한 강한 부르심을 느꼈습니다. 케이는 십 대 시절에 부르심을 느꼈으며 어린 시절 자신의 교회에서 신앙생활을 하며 선교에 큰 관심을 가졌던 적이 있었습니다. 그러나 결혼 생활, 바쁜 직장 생활, 갓 태어난 아기, 가족과 함께하는 일상생활의 압박 속에서 이 부르심은 희미해졌습니다. 케이는 프랭크가 느끼는 열정을 가라앉히고 싶지 않았기 때문에 걱정을 표현하는 것을 주저했습니다. 비록 그녀가 기꺼이 남편의 결정을 따르고 함께 할 아내였지만, 그의 선교 열정을 함께 할 수는 없었습니다.

부부는 해외 선교사로 떠날 가능성에 대해 논의했고, 프랭크의 인내심이 점점 줄어들면서 이 주제로 대화하는 것이 불편해졌습니다. 이 기간에 프랭크는 목사님의 조언에 따라 한발 물러서서 케이가 자신의 망설임을 이해할 수 있는 시간을 주었습니다. 이 과정은 3년 정도 걸렸습니다.

케이는 자신이 미국에 남겨질 가족들을 걱정하고 있다는 사실을 깨달았습니다. 그녀는 또한 아들이 자라서 조부모를 알지 못할 것을 두려워했습니다. 그녀는 아들이 어린 시절에 조부모와 함께하는 특별한 관계를 놓치지 않기를 바랐습니다. 그러나 3년 동안 하나님은 그녀가 수천 킬로미터 떨어진 다른 나라에서 살고 있더라도 미국의 가족들을 돌볼 수 있음을 알려주셨습니다. 또한 하나님은 자녀들이 조부모와 얼마나 가까운지를 나누는 다른 선교사들의 간증을 통해 확신을 주셨습니다. 무엇보다 성령님은 빌립보서 4장 19절의 약속으로 그녀의 마음을 진정시켜 주셨고, 미국에 있는 가족과 선교지에 있는 아들을 포함하여 그녀의 모든 필요를 하나님께서 공급해 주실 것이라고 약속하셨습니다.

돌이켜 봤을 때 프랭크와 케이는 3년 동안 하나님께서 일하고 계셨다는 것을 깨달았습니다. 직장의 상황을 통해 프랭크는 리더십, 역경 대처, 갈등과 어려운 관계 속에서 일하는 것에 대해 많은 것을 배웠습니다. 비록 힘든 시간이었지만 이 경험과 성장은 그가 선교 현장에서 비슷한 문제를 성경적인 방법으로 해결하는 과정에서 큰 도움이 되었습니다.

부르심에 대한 평가는 확인해야 할 목표나 완료해야 할 공부가 아니라 개인이나 부부가 어떻게 하나님께 순종하며 삶을 살아야 하는지를 확인하고 명확히 하기 위해 주님을 찾는 노력입니다. 교회가 선교사 후보자와 함께 할 때, 주님이 주님의 뜻을 점점 명료하게 하시듯 그들은 서로를 돕고 격려하며 이 과정을 함께 할 수 있습니다.

세 번째 요소, 선교사 역량과 자격

적합한 장소에 적합한 사람을 결정하려면 선교 현장의 특정한 사역에 대한 역량과 자격을 고려해야 합니다.

역량은 어떤 일을 성공적으로나 효율적으로 수행할 수 있는 능력입니다. 예를 들어 잃어버린 영혼과 복음을 나누기 위해 대화를 시작하거나, 지역의 목회자 그룹에서 구원의 교리를 가르치는 능력입니다. 후보자는 복음 전파, 새 신자 제자훈련, 교회 지도자 훈련과 같은 선교 사역을 수행하는 데 유능합니까? 평가에 필요할 수 있는 한 가지 역량은 현지 언어를 배우는 후보자의 언어 능력일 것입니다.

자격은 의료 업무와 관련된 의학적 학위와 같이 사람을 해당 직무에 적합하게 만드는 성취입니다. 오늘날 세계의 많은 국가에서 더 이상 선교사 비자를 발급하지 않습니다. 이런 경우 선교사는 입국하고 거주할 수 있는 기술이나 자격이 있어야 합니다. 또 다른 자격은 현장 업무나 파송 교회나 선교 단체의 임명에 필요한 신학 학위일 수 있습니다. 어떤 경우 신학 교육 기관에서 가르치기 위해 박사와 같은 고급 학위가 필요할 수 있습니다. 선교사가 선교지에 입국할 수 있는 다른 자격 분야도 있습니다. 이 것은 대학 학위, 검증할 수 있는 전문 경험 또는 현지 국가가 비자를 발급하기에 충분히 가치가 있는 자격을 말합니다.

네 번째 요소, 선교사의 건강 및 안정감

기독교인과 교회 정체감, 선교사의 소명, 역량과 자격은 모두 선교사 평가와 준비에서 중요합니다. 목표는 적합한 선교사를 선교지의 필수 기술과 필요 사항에 따라 적합한 선교지에 연결하는 것입니다. 그러나 선교사들이 직무에 대한 잘못된 역량이나 자격을 가지고 도착했거나 잘못된 신학 때문에 현장을 떠나는 경우는 거의 없습니다. 예비 선교사의 이러한 측면은 관찰하고 확인하고 평가하기 쉽습니다. 대신 선교사 대부분은 열매 없는 사역을 하거나 건강 문제 때문에 현장을 떠납니다. 따라서 후보자의 선교 준비 상태를 종합적으로 평가하기 위해서는 신체적, 정신적, 정서적 건강을 깊이 살펴보는 것이 중요합니다.

빌립보서 2장 25-30절에서 바울은 빌립보 교회에 선교사 에바브로디도가 선교지에서 병이 들어 집으로 돌려보낸다는 내용의 편지를 썼습니다. 그는 건강을 회복하는 것과 병으로 인해 바울과 다른 사람들이 짊어진 짐을 덜어주기 위해 집으로 돌아가야 했습니다. 이 상황은 선교사가 현장에 남아 임무를 수행하는 능력을 제한하는 신체적 질병을 설명합니다. 선교지에 가기 전에 선교사의 건강을 잘 평가하지 않으면, 교회는 선교사와 현장 선교사 팀 모두를 어려운 상황에 노출시킬 수 있습니다.

지속적인 선교를 위한 여덟 단계

선교사를 파송하기에 적합한 선교지를 평가하는 것은 선교지 환경이 선교사의 건강에 어떤 영향을 미칠 수 있는지 조사하는 것을 포함할 수 있습니다. 극한 상황에 처한 지역은 선교사들이 이전에 경험하지 못한 방식으로 선교사들에게 영향을 미칠 수 있습니다. 미국 출신 독신 선교사 로즈메리(Rosemary)*는 후원 단체로부터 해발 13,000피트에 있는 남아메리카 안데스산맥의 고지대에 있는 종족으로 파송되었습니다. 그녀는 이렇게 높은 고도가 있는 곳에 가본 적이 없었고 새로운 도시에 도착한 직후 고산병에 걸렸습니다. 시간이 지나면서 적응하길 기대했지만 몇 달을 살아도 그녀의 몸은 적응하지 못했습니다. 로즈메리의 건강은 그녀가 선교 사역을 수행할 수 없는 수준까지 나빠졌습니다. 마침내 그녀의 후원 단체는 그녀의 건강을 위해 사역지를 고도가 낮은 곳으로 옮기도록 했습니다. 고도가 낮은 환경에서 그녀는 회복되었을 뿐만 아니라 사역의 열매가 풍성했고, 충실하게 사역을 계속할 수 있었습니다.

로즈메리가 몇 달 동안 병을 앓는 것을 어떻게 피할 수 있었을까요? 특정 선교지가 극한 환경으로 알려진 경우, 장기로 선교를 나가기 전에 선교사는 선교지에 방문하여 몸이 그러한 환경에 어떻게 반응하는지 알아보는 것이 좋습니다. 로즈메리가 그곳으로 떠나기 전에 고지대를 방문할 수 있었다면 고산병에 대한 자신의 취약성을 깨달았을 것입니다. 다행히 그녀의 경우 장기적인 건강 문제가 발생하기 전에 상황이 해결되었습니다. 선교사 평가에서 로즈메리는 적임자임이 분명했습니다. 그녀의 교회는 타문화 선교에 대한 그녀의 소명을 확인했고 시기는 적절했지만, 고지대 도시는 그녀가 선교하기에 적합한 장소가 아니었습니다.

마찬가지로, 만성 질환은 약물치료와 관리가 필요할 수 있는데 특정 지역에서는 필요한 약과 관리를 받을 수 없습니다. 위험한 수준의 대기 오염이 있는 선교지는 심각한 천식으로 고통받는 후보자에게 적합하지 않을 수 있습니다. 허리에 문제가 있는 후보자가 가파르고 불안정한 도로를 끊임없이 이동해야 하는 선교지에 가는 경우 영구적인 부상의 위험이 있을 수 있습니다. 하나님의 자원을 잘 관리하여 각 선교사가 선교지에서 하고자 하는 일을 하고 선교지에서 지속해서 그 사역을 할 수 있도록 파송 전에 선교사의 건강을 점검하는 것은 중요합니다.

개인에게 너무 큰 위험이 있고 파송 교회와 선교 단체에 비용적으로 큰 부담을 줄 수 있기 때문에 후보자의 자격을 상실할 수 있는 조건이 있습니다. 예를 들어 제1형 당뇨병, 장기 이식 환자, 궤양성 대장염, 악성 종양 및 암 병력이 있는 환자의 경우입니다. 평가자는 이러한 경우에 후보자의 건강을 보호하고 재정 자원을 잘 관리할 수 있도록 의료 전문가와 상의해야 합니다.

신체 건강은 의사의 검진과 의학적 검사로 평가할 수 있습니다. 정서적 건강과 심리적 건강은 선교사 평가에서 똑같이 중요하지만 평가하기가 더 어렵습니다. 하나님은 우리를 복잡한 피조물로 창조하셨습니다. 우리 각자에게는 거짓말을 할 수 있는 마음과 의지와 감정이 있습니다. 죄는 우리의 효율성을 방해할 수 있습니다. 게다가 타문화 스트레스는 이러한 내적 질병을 드러내고 악화시킬 수 있습니다. 따라서 정서적, 심리적 건강을 잘 검사하는 것이 중요합니다.

정서적 안정감 건강 문제의 한 가지 일반적인 예는 해결되지 않은 과거의 성적 학대입니다. 예를 들어, 어렸을 때 성적 학대를 받은 여성이 공개적으로 또는 자주 성적 학대 받는 문화로 선교사 파송이 된다면 어떤 영향을 받을까요? 내적 질병의 다른 예는 우울증, 불안, 식사 장애, 과거 또는 진행 중인 트라우마입니다. 일부 생활 방식 문제는 알코올 중독, 마약 사용, 음란물 시청, 부적절한 성행위와 같은 삶의 죄악 된 습관으로 나타날 수 있습니다. 이러한 경험이 반드시 누군가의 선교 자격을 박탈하는 것은 아니지만, 평가 팀은 선교사를 타문화 스트레스가 많은 선교지로 보내기 전에 이러한 문제를 인식하고 해결했는지 확인해야 합니다. 해결이란 후보자가 그러한 문제를 공개하고 그리스도 안에서 자신의 정체성을 알고 이해하며 하나님의 은혜가 그들을 치유하도록 하는 것을 의미합니다. 종종 이러한 경우에 후보자는 문제가 해결되었는지 확인하기 위해 전문 기독교 상담사와 상의해야 합니다. 질병의 정도에 따라 해결하는 데 몇 주, 몇 달, 심지어 몇 년이 걸릴 수도 있습니다.

평가해야 하는 건강의 다른 두 가지 영역은 건강한 부부 관계와 독신의 정체성입니다. 부부는 그들의 결혼 생활의 기초가 그리스도임을 확인하고 건강한 부부 관계의 증거를 제시할 수 있어야 합니다. 일부 교회와 단체는 최근에 결혼한 예비 선교사 부부에게 최소한 결혼 생활을 1년 한 이후에 해외로 파송합니다. 후보자들은 서로의 신체적 필요 사항을 충족하고 선교사로 섬기라는 부르심에 연합할 수 있어야 합니다.

독신은 독신에 대한 건전한 이해가 있어야 하며 과거의 여러 문제를 독신으로서 해결한 경험이 있어야 합니다. 그들은 하나님의 때에 결혼할 가능성이 있다고 해도 독신 생활에 대한 만족이 있어야 합니다.

선교사 가족 평가의 마지막 영역은 선교사 자녀와 관련이 있습니다. 결혼한 부부에게 선교지에 동반할 자녀가 있는 경우, 성공적인 파송을 위해 적절한 평가를 통해 모든 발달 및 교육 문제를 밝혀야 합니다. 선교사 과업에 대한 첫 장에서 크레이머(Kramer)* 가족의 상황을 다시 살펴보면, 크레이머 가족에게는 현장에 도착한 후 언어 능력과 사회생활에 어려움을 겪는 16세 딸 크리스티가 있었습니다. 그녀는 친구를 사귈 수 있는 환경이 없었기 때문에 우울증에 걸렸고 결국 가족은 그녀의 감정적 필요를 해결하기 위해 미국으로 돌아가야 했습니다. 청소년 및 십 대 자녀가 있는 가족은 주의 깊게 평가해야 하며 자녀가 건강하게 성장할 수 있는 장소에 있어야 합니다.

다섯 번째 요소, 실제적인 준비

마지막으로 우리는 선교사 평가 과정에서 몇 가지 실제적인 측면을 고려해야 합니다. 고려해야 할 첫 번째 영역은 선교사 재정 후원입니다. 선교사 후원을 제공하기 위한 많은 전략이 있으며, 교회는 선교사 가족이 선교지에 있을 때 적절한 재정을 확보할 수 있도록 파송 전에 명확한 계획을 세워야 합니다. "타문화 선교를 위한 계획"(5단계)에서 우리는 기금 마련과 관련된 주의 사항에 대해 논의했습니다. 크레이머 가족의 상황에서 이와 관련하여 계획이 부족하여 처음부터 가족이 부족한 후원을 받는 결과를 가져왔고, 이는 그들이 선교지에 적응하면서 이미 겪고 있는 스트레스를 더욱 가중했습니다.

적합한 선교사를 선별할 때 또 다른 실용적인 고려사항은 후보자의 언어를 배울 수 있는 능력입니다. 첫 번째 장의 마이크 크레이머와 마찬가지로 진단되지 않은 청력 상실은 성조 언어를 배우는 능력에 영향을 미쳤고 이에 따라 선교 현장에서 효과적으로 사역을 할 수 없었습니다. 선교사의 나이, 학습에 필요한 기간, 학습에 드는 비용과 같은 다른 요인들도 언어 학습에 영향을 미칠 수 있습니다.

우리는 그 과정에서 가족의 책무를 평가해야 합니다. 선교사가 선교지에서 사역할 때 선교 업무 외로 책임을 져야 하는 것들이 있습니까? 부록에 있는 "선교사의 삶" 성경 공부는 후보자가 가족 관계에 미치는 영향을 이해하는 데 도움이 되는 참고 자료입니다. 후보자는 향후 몇 년 동안 연로한 부모를 돌볼 책임이 있습니까? 후보자가 가족 사업을 하고 있거나 출신 나라에 집을 소유하고 있습니까? 현장에 파송되기 전에 선교사 가족에게 해결해야 할 빚이 있습니까?

교회나 선교 단체는 시민권과 비자 문제도 확인해야 합니다. 선교사는 원하는 국가에 입국할 수 있는 비자를 받을 수 있습니까? 후보자가 선교지에 입국하는 데 필요한 예방 접종을 받았습니까? 또 다른 드문 상황으로 예비 선교사에게 일부 국가에 입국 자격을 박탈할 수 있는 과거 범죄 기록이 있을 수 있습니다.

예비 선교사 가족이 적합한 선교지를 고려할 때 선교사 자녀의 필요 사항을 고려해야 합니다. 어린이의 발달 및 교육적 필요는 무엇입니까? 어떤 학교를 이용할 수 있으며 비용이 적절합니까? 아이들이 적절한 교육을 받을 수 있습니까? 선교 대상 국가에서는 홈스쿨링을 허용합니까? 허용한다면 부모는 효과적으로 선교를 수행하면서도 가정에서 자녀를 가르칠 수 있는 준비가 되어 있습니까? 가족은 자녀의 교육을 장기적으로 계획해야 합니다. 예를 들어 자녀가 어느 나라에 있는 대학교에 갈 것인지에 따라 중등교육부터 대학교 입학 조건을 위해 적절히 준비해야 합니다. 이 준비는 어느 대학교를 다닐지를 결정하는 것 뿐만 아니라 그 대학교에서 어떤 언어를 사용하는지와 예비 대학교의 입학 요건도 고려하는 것을 포함합니다. 이 장의 시작 부분에서 언급한 동남아시아의 한 대형 교회와 8단계 상담을 진행했을 때, 조언을 통해 교회 리더십이 고려하지 않았던 한 가지 영역이 드러났습니다.

선교사 자녀의 해외 이주 준비. 교회 리더십들은 선교사 자녀의 정서적 성숙도, 건강 및 복지를 평가할 필요가 있음을 이해하게 되었을 뿐만 아니라 교육적 필요도 평가할 필요가 있음을 깨달았습니다. 결과적으로 어떤 교회의 한 사례에서 부모와 선생님은 학습에 어려움이 있는 자녀를 발견했습니다. 이러한 추가 지식을 통해 선교사는 파송을 연기하고 문제를 철저히 평가하며 적절한 해결책을 계획할 수 있습니다. 일단 부모가 문제를 적절하게 해결한 이후 선교사 가족은 현장에 배치될 수 있었습니다. 이 경우 적합한 선교사와 적합한 선교지가 분별 되었지만 선교 사역을 지속하기에는 시기가 적절하지 않았습니다. 평가 세부 사항에 주의를 기울여서 사전에 문제를 해결하지 않았다면, 현장에서 불과 몇 개월 만에 선교사 가족이 사임할 수 있었던 문제를 발견하는데 도움이 되었다고 교회 지도자들은 말했습니다.

선교사 평가의 각 단계에서 다양한 문제가 발견될 수 있습니다. 따라서 철저한 평가는 교회와 현장의 선교사 팀에게 도움이 됩니다. 그뿐만 아니라 선교사 가족이 문제를 해결하는데 도움이 되어 그들이 더 많은 열매를 맺고 선교 현장에서 지속해서 사역하게 될 가능성이 큽니다.

개별화된 선교사 지원자 프로필 준비

적합한 사람들을 적합한 시기에 적합한 장소에 보내려면 선교사 후보자 준비의 5가지 요소를 모두 고려할 수 있는 충분한 시간과 함께 선교사 평가 계획이 끝나야 합니다. 우리는 후보자들이 완벽할 것이라고 기대할 수는 없지만, 그들이 주님과 동행하면서 성장하고 삶의 모든 면에 주님이 영향을 미치도록 노력하는 것을 보아야 합니다. 후보자의 영적 성숙도를 측정하는 좋은 척도는 그들이 정직, 책임, 조언, 반성에 어떻게 반응하는지 보는 것입니다.

이 과정에서 중요한 것은 교회가 어떻게 선교사 지원자를 평가하고 누가 지원자 자료를 수집하고 인터뷰를 수행할 책임이 있는지 아는 것입니다. 8단계 상담 과정으로, 우리는 교회와 선교 단체가 그들의 의사결정 구조에 맞는 선교사 평가팀과 지원 절차를 계획하도록 돕습니다. 이 과정은 다양한 방식으로 접근할 수 있지만 항상 적합한 지원자 정보 수집, 대면 인터뷰 통합, 선교사 지원자를 잘 아는 사람들의 추천서 요청이 포함됩니다. 이런 식으로 교회나 선교 단체는 선교사 평가의 다섯 가지 구성 요소 각각을 다루는 선교사 지원자 프로필을 만들 수 있습니다.

앞서 언급했듯이 이 과정은 철저해야 하며 평가팀은 신뢰받을 수 있어야 하고 명예롭게 임해야 합니다. 전자 및 서면 자료는 지원자를 평가할 책임이 있는 사람만 접근할 수 있는 안전한 장소에 보관해야 합니다. 자료를 유지하기 위한 법적 및 정책적 사항을 고려해서, 더 이상 필요하지 않으면 자료를 폐기하여 지원자의 기밀 및 개인 정보를 보호해야 합니다. 종종 사적이고 민감한 문제가 지원 과정에서 드러납니다. 이런 경우 해당 정보는 보호되어야 하고 평가팀을 신뢰하고 존중하도록 주의를 기울여야 합니다. 평가 과정은 모든 지원자뿐만 아니라 지원자의 가족까지 포함됩니다.

평가 사례 이야기

건전한 선교사 프로필을 구축하기 위해 선교사 지원자나 가족을 평가할 때 이러한 모든 구성 요소를 함께 종합해야 합니다. 평가자는 또한 예비 선교사와 가까운 사람들의 추천서를 읽을 때도 상황을 이해하며 분별력이 있어야 합니다. 애런(AARON)*과 메리(MARY)*의 평가 과정을 살펴보겠습니다.

애런과 메리는 성인이 되어서 믿음을 갖게 되었고 그들이 살았던 미국 중서부 도시에 있는 교회의 사역에 빠르게 참여하게 되었습니다. 그들의 영적 성숙도는 금세 깊어졌고 얼마 지나지 않아 그들은 교회에서 맡은 사역의 리더가 되었습니다.

그 기간 동안 교회 리더십은 새로운 교회를 개척하기 위해 전국에서 교회가 없는 지역으로 여러 가족을 보내는 비전을 가지고 있었습니다. 애런과 메리는 정식 신학 교육이나 교회 개척 경험이 없었지만, 이 새로운 일에 기꺼이 참여하고 자원하여 팀의 일원으로 참여했습니다. 애런은 소규모 사업을 운영한 경험이 있고 메리는 유치원 교사였기 때문에 그들은 새로운 장소에서 가족을 부양할 자격과 기술이 있다고 느꼈습니다.

이사를 하고 팀의 교회 개척 노력을 도우면서 애런은 새로운 도시에서 소규모 사업을 시작할 기회를 보았습니다. 메리는 학교 교사로 일자리를 찾았습니다. 이 수입으로 그들은 가족을 부양할 수 있을 뿐만 아니라 교회 개척에 이바지하여 곧 전임 목회자를 청빙할 수 있기를 기대했습니다. 애런과 메리는 주간에 시간이 날 때마다 교회 공동체를 섬기고 사람들을 그리스도께로 인도했습니다. 애런은 유능한 전도자였으며 메리는 젊은 여성들을 제자로 삼는 것을 좋아했습니다.

2년 후, 애런의 새로운 사업은 너무 커져서 그가 교회 사역을 할 시간이 부족해지기 시작했습니다. 그는 사업보다 사역이 더 중요하다고 판단하여 자신이 모집하고 훈련한 두 명의 청년에게 회사를 팔았습니다. 사업 운영에서 물러나면서 애런은 사역에 더 많은 시간을 할애할 수 있었습니다. 곧, 애런은 새로운 교회 개척을 돕기 위해 수익을 창출할 수 있는 또 다른 사업을 시작할 기회를 보았습니다. 다시 한번 그의 사업은 번창했고, 그는 새로운 주인을 훈련한 후 상당한 이익을 받고 사업을 팔 수 있었습니다.

두 번째 사업을 팔고 얼마 지나지 않아 애런과 메리는 주님께서 해외 미전도 종족에게 복음을 전하라고 부르신다는 것을 느끼기 시작했습니다. 원래 파송 교회의 지원을 받으며 그들은 미국에 기반을 둔 선교 단체에 지원했습니다. 평가 과정의 하나로 선교 단체는 애런과 메리를 잘 알고 있는 파송 교회의 여러 사람에게 추천서를 요청했습니다.

교인 중 한 명이 의구심을 보였습니다. "애런은 훌륭한 청년입니다. 그는 충실한 그리스도인이자 남편이자 아버지입니다. 하지만 그는 교회에서 목회한 적도 없고, 한 직장에 오래 있지도 않았습니다." 이 교인은 애런이 지난 몇 년 동안 직장을 옮겨 다녔다고 말했습니다. "그는 사업을 시작하고 너무 커지면 판매합니다. 2년마다 그는 새로운 사업을 시작하고 직원들에게 판매합니다. 선교사들이 교회에서 목회하려면 한 곳에서 한 일을 오래 할 수 있어야 하지 않겠습니까?"

선의를 가진 이 사람이 이해하지 못한 것은 선교사의 역할과 교회 목사의 전통적인 역할의 차이입니다. 그는 기독교 일꾼들이 환영받지 못하는 접근하기 어려운 지역에서 선교적인 교회 개척자로 섬기기 위해 무엇이 필요한지 온전히 이해하지 못했습니다. 그가 애런의 약점으로 본 것이 실제로는 애런과 메리가 선교라는 부르심을 받은 해외 상황을 고려할 때 강점이 될 수 있습니다.

이것은 선교사 후보자가 그 사역에 적합한지 판단하고, 추천서가 말하는 맥락을 고려하기 위해 한 사람의 전체를 살펴보아야 하는 예입니다. 우리는 후보자의 삶을 전체적으로 보기 위해 5가지 구성 요소를 평가합니다. 애런은 교회에서 목회한 적은 없었지만, 재능 있는 전도자이자 제자 삼는 사람이었습니다. 그는 또한 리더십이 있고 다른 사람들이 이끌도록 리더십을 부여하는 방법을 알고 있었습니다. 그는 무언가를 시작하고, 성공적으로 만들고, 다음 일을 진행하기 전에 숙련된 리더에게 맡길 수 있습니다. 또한 메리는 재능있는 교사이자 제자를 삼는 사람이었으며 교회에서 여러 여성을 제자로 삼았습니다. 그녀는 학교 교사이자 새로운 교회 개척자로서 가치 있는 선교사 역량을 많이 개발했습니다. 애런과 메리는 선교사의 사역을 수행하기에 좋은 역량과 자격을 갖춘 좋은 본보기입니다.

결론적으로, 선교 단체는 미전도 종족을 목표로 하는 교회 개척자로 애런과 메리를 보냈으며, 지금까지 그들은 여러 개의 새로운 교회를 개척하고 그들이 개척한 각 교회의 지도자들을 훈련했습니다.

"선교사 양성"(4단계)에서 우리는 사도행전 18장과 디모데후서 2장에 있는 바울의 이야기를 공부했습니다. 바울의 예를 통해 우리는 선교사들이 사역을 시작하고 지도자를 세우고, 지도자들이 또 다른 미전도 종족에게 선교하도록 하는 것을 봅니다. 바울이 디모데에게 더 많은 일꾼을 일으키도록 훈련했을 때 디모데는 브리스길라와 아굴라를 준비시켜 바울의 조언을 따랐습니다. 잠재적인 선교사를 평가할 때 우리는 선교 사역을 효과적으로 수행할 수 있는 기술이 있는지 봅니다. 완벽한 사람은 없습니다. 필요한 모든 재능과 능력을 갖춘 사람은 없습니다. 그러나 하나님은 사람들이 선

지속적인 선교를 위한 여덟 단계

교를 할 수 있는 경험과 능력을 주셨습니다. 그런 선교사 후보자들을 우리는 적합한 시기에 적합한 장소에 보내기 위해 평가합니다.

7단계
동역자 계발

미국 남부 마을에 있는 수백 명의 교인으로 구성된 메인 스트리트 교회는 동남아시아 국가에 있는 말라카니(MALLAKANI)* 종족을 입양했습니다. 이 종족에 대한 정보는 거의 없었지만 이 종족에는 소수의 신자만 있었고 그들 가운데 교회를 개척하려는 교회나 선교 단체가 없었습니다. 교회는 이 종족을 위해 기도하기 시작했고 몇몇 선교팀이 현지의 필요 사항을 알아보기 위해 그 지역을 탐방했습니다.

밥(Bob)과 진 스미스(Jean Smith)*는 교회의 선교에 참여했습니다. 그 나라로 탐방 선교를 마친 후 그들은 교회 개척자로서 말라카니에 그들의 삶을 바치도록 하나님께서 부르시는 것을 느꼈습니다. 밥과 진은 이 부르심을 교회와 나누었고, 기도와 평가의 기간 후에 교회는 그들을 선교사로 보내고 지원하기로 동의했습니다. 교회는 선교사 파송 경험이 거의 없었기 때문에 스미스 가족을 위한 이주 계획, 전략 계획, 현장 지원을 도울 수 있는 선교 단체에 연락했습니다.

스미스 가족은 언어를 잘 배웠고 말라카니 종족의 중심부에 정착할 수 있었습니다. 그들은 선교 단체에서 제공한 관광 비자로 그곳에서 일했습니다. 밥은 비자를 받는 대가로 관광 업체에서 일주일에 약 8시간을 일했습니다. 첫해 동안 사역은 서서히 진행되었습니다. 그들이 말라카니 종족 사역에 탄력을 받기 시작했을 때, 선교 단체는 같은 관광 업체에 소속되어 있던 인근 국가의 핵심 직원이 일을 그만두었다는 것을 알게 되었습니다.

단체는 스미스 가족에게 관광 업체를 관리할 수 있도록 가까운 국가로 이주해야 한다고 알리는 것 외에는 해결책을 찾지 못했습니다. 이 지역의 많은 선교사가 비자 발급을 위해 이 관광 업체에 의존하는 상황이었습니다. 밥의 사업 배경과 경험으로 쌓은 관광 업체 운영 지식으로 인해 이 임무를 수행할 수 있는 사람은 밥이 유일했습니다.

스미스 가족은 선교 단체에서 제시한 갑작스러운 변화로 인해 화가 났습니다. 가야 할 나라에는 스미스 가족이 사역하던 부족이 살고 있지 않았습니다. 그들을 지원하는 교회 리더십은 이러한 난감한 상황 속에서 스미스 가족이 대화를 통해 의사결정을 함께 하지 않았음에 배신감을 느꼈습니다. 선교 단체의 입장은 스미스 가족이 더 큰 이익을 위해 때때로 희생을 감수해야 한다는 것이었습니다.

스미스 가족은 재정적 지원을 제공하는 파송 교회와 선교지 기반 시설 및 비자를 제공한 선교 단체 사이에 큰 갈등이 있음을 발견했습니다. 교회 리더십은 교회가 입양한 종족에 초점을 맞추지 않은 선교사들을 계속 지원할 수 있을지 모르겠다고 말했습니다.

처음에 협력을 맺었다는 설렘 속에서 파송 교회, 선교 단체, 선교사들은 새로운 문제가 발생했을 때 어떻게 의사결정 과정을 진행해야 하는지 알지 못했습니다. 위기 속에서 서로의 감정은 상했고, 결정해야 할 시간은 짧았고, 멀리 떨어진 다양한 당사자들 사이의 문제는 적절히 해결하기 어려웠습니다.

동역자의 가치

장기 선교의 노력을 효과적으로 유지하는 데 필요한 모든 것을 갖춘 선교사, 파송 교회, 선교 단체 또는 선교팀은 거의 없습니다. 큰 교회와 선교 단체들도 종종 선교 업무에 도움이 필요합니다. 신중하게 계획된 동역자 관계가 이러한 지원을 제공할 수 있습니다. 8단계 과정은 교회와 선교 단체가 주님으로부터 받은 선교 사역에 대한 구체적인 소명이나 비전을 탐구할 기회를 제공하며, 주님께서 그들에게 예비해 두신 것을 받아들이기 위한 구체적인 단계를 제공합니다. 이 단계에서는 선교 비전을 달성하기 위해 부족한 부분을 채우는 데 필요한 동역자와 동역자 관계의 유형을 배우는 것이 포함됩니다. 동역자 관계는 신중하게 생각해야 합니다. 일부는 매우 우호적으로 시작하지만, 동역 계약에 맞지 않는 예기치 않은 사건이나 문제가 발생하면 갈등이 생길 수 있습니다.

신중한 교회와 선교 단체는 같은 비전을 가진 다른 그룹이 선교 과업을 수행하기 위해 제공할 수 있는 경험, 전문지식, 접근성을 인정합니다. 예를 들어, 1장에서 언급한 쿠바 침례교단과의 동역 관계에서 얻은 긍정적인 결과가 있습니다. 이미 콜롬비아에서 활동하고 있는 IMB 팀에 쿠바의 의료 선교사들이 합류했습니다. 협력 계획은 콜롬비아 정부가 미국 선교사들의 접근을 허용하지 않은 원주민 보호 구역의 미전도 종족에게 쿠바 선교사들이 에너지를 집중하는 것이었습니다. 쿠바 선교사들은 출신 국가, 의료 훈련, 스페인어에 능통했기 때문에 미전도 종족에게 접근할 수 있었을 뿐만 아니라 교회 개척 경험이 있어서 선교 활동을 시작할 수 있었습니다. 중요한 것은, 이 협력 관계가 처음부터 권한과 책임의 경계가 신중하게 논의된 관계였고 이에 따라 풍성한 결과가 나왔습니다. 그 결과로 탄생한 동역 관계는 IMB 팀, 쿠바 선교 파송 교회, 쿠바 침례교단의 비전을 성취하게 하였습니다. 무엇보다도 미전도 지역에서 효과적으로 선교가 이뤄지게 되었습니다.

동역 관계에서 고려사항

동역 관계를 발전시키려면 교회나 선교 단체는 권한, 의사결정, 감독 및 재정 지원과 같은 문제를 포함하는 일들에 대해 신중히 검토해야 합니다. 때로는 다른 기관의 누군가에게 권한과 감독을 위임해야 합니다. 재정 및 기타 자원을 동역자에게 제공하고도 이러한 자원을 어떻게 사용할지에 대한 통제를 포기해야 할 수도 있습니다. 동역 관계는 전략적인 결정권을 포기하는 것을 의미할 수도 있습니다. 모든 교회, 단체나 선교사가 이러한 점을 인정할 준비가 되어 있는 것은 아닙니다. 합의에 따라, 동역 관계를 체결하기 전에 이러한 핵심 영역에 대해 신중하고 정직한 논의가 이루어져야 합니다.

동역 관계에 동의하기 전에 신중하게 고려해야 할 두 가지 다른 영역은 선교학과 신학입니다. 선교학의 영역에서는 선교사의 역할, 외부 재정의 사용, 의존성과 재생산의 관점, 선교 전략을 논의하고 명확히 하는 것이 중요합니다. 마찬가지로, 동역 관계를 고려하는 단체들은 기본 교리, 교회론, 성경의 권위, 교회 지도력, 교회 의식에 대한 견해를 포함하는 신학적 토대를 살펴봐야 합니다. 대부분의 침례교 교회에는 "침례교 신앙과 메시지(Baptist Faith and Message)"[13] 에 합의합니다. 그러나 침례교 교단 내에서도 일부 교회는 더욱 편협한 신학적인 견해를 갖고 있으며 이러한 영역이 합의에 들어가기 전에 명확히 된다면 잠재적인 갈등을 피할 수 있습니다. 이러한 토론

---

13 미남침례교, "침례교 신앙과 메세지, 2000," 신앙에 대해, https://bfm.sbc.net/bfm2000/#vi-the-church (accessed January 21, 2022). 미남침례교 교회의 정의는 3단계 "지역교회 사역: 건강한 교회 세우기"에 포함되어 있습니다. page 35.

을 통해 타협할 수 없는 신학적인 부분을 인지하고, 유연하게 할 수 있는 부분을 인식하는 것이 중요합니다.

이 장의 시작 부분에 소개된 말라카니 사례에서, 파송 교회는 스미스 가족의 거주지에 관한 결정이 부부의 비자를 후원한 협력 단체에 의해 변경될 수 있다는 것을 예상하지 못했습니다. 파송 교회와 상의하지 않고 협력 단체가 결정했기 때문에 갈등이 생겼습니다. 협력 단체로서는 다른 방법이 없었지만, 이 의사결정 권한이 계약에 명시되어 있지 않다는 것을 단체가 인식했을 때 단체는 시간을 들여 선교사와 파송 교회와 대화를 하는 등 화해적인 조치를 할 수 있었을 것입니다. 이런 결정을 어떻게 할지 사전에 합의가 이뤄지지 않은 상태에서, 각각은 다른 생각을 했습니다. 불행한 결과는 서로 간의 상처, 갈등, 낙담을 발생하게 했고, 무엇보다도 미전도 종족은 선교사를 잃을 수도 있습니다.

동역 관계와 문화적 영향

동역 관계가 제공하는 장점이 있음에도 이러한 관계가 자연스럽게 이루어지지 않는 이유는 무엇입니까? 동역 관계를 체결할 때, 파송 교회나 선교 단체의 문화에 영향을 받을 수 있습니다. 많은 북미 교회와 단체가 가장 중요하게 생각하는 것은 교회의 권위와 선교에 대한 책임감입니다. 그들은 동역 관계가 필요하다고 생각하지 않을 수 있습니다. 라틴 아메리카의 문화와 같은 다른 문화는 단체로 일하는 것이 더 익숙하므로 종종 다른 사람들과의 동역 관계를 환영하지만, 협력적인 방식을 기대합니다.

처음부터 서로 다른 문화적 관점을 인식하는 것이 중요합니다. 왜냐하면 동역 관계 안에서 문화마다 생각하는 것과 기대하는 바가 다르기 때문입니다. 예를 들어 북미인들은 직장 생활과 사회생활 및 가정생활을 분리하는 경향이 있으므로 선교사 팀이 어떻게 사역할 수 있는지에 대해 세분된 관점을 가지고 있습니다. 라틴 아메리카 문화와 같은 다른 문화는 공동체 생활을 더 많이 하며 사역 생활과 개인 생활이 강하게 혼합되어 있습니다. 진정한 동역 관계는 각 동료 또는 단체가 서로의 필요 사항을 고려하고 빌립보서 2장 3절에 명시된 요구 사항을 받아들여야 합니다.

빌립보서의 말씀은 협력 관계에 있는 모든 동역자(선교사, 파송 교회, 선교 단체)에게 다른 사람의 필요를 인식하고, 지상대사명에 따라 열방을 제자 삼는 것이 가장 중요하다고 도전합니다. 함께 일하는 동역자들은 새로운 선교 구조와 계획을 논의하고 채택할 때 교회가 없는 곳에 교회를 개척하는 비전을 가장 중요하게 여겨야 합니다. 이것은 선교의 효과적인 실행에 초점을 맞추는 것입니다.

독립적으로 선교하려는 교회의 경우, 그들이 스스로 더 잘할 수 있다는 관점을 갖고 있지 않을 수도 있지만, 다른 사람에게 도움을 받는 것이 교회가 자체적으로 선교해야 하는 자율성을 포기하는 것으로 생각할 수 있습니다. 반면에 지상대사명을 위해 협력한 미국 교회들의 좋은 사례가 있습니다. 1925년 이래로 미남침례교단 내의 협동 선교헌금은 선교 파송을 향상하기 위해 수천 개의 교회에서 재정 자원을 성공적으로 모았습니다. 이 협력은 작은 교회나 큰 교회가 선교 파송에서 역할을 하도록 격려합니다. 각 교회가 선교 전략 결정이나 선교 이사회에 대한 통제권을 포기하는 반면에, 전반적으로 유익한 점은 각 교회가 선교 파송의 모든 측면에 대한 전문지식을 가질 필요가 없고, 모든 미전도 종족에게 복음을 전하는 선교 파송 전략에 참여할 수 있다는 것입니다.

선교사 리더십과 지원의 어려움

일부 지역 교회와 마찬가지로 선교사도 독립적이며, 이는 어렵고 고립된 환경에서 필요한 특성입니다. 선교사는 적절한 책임과 훈련이 균형을 이루는 권한과 리더십이 필요합니다. 주님은 지상대사명을 성취하기 위해 각 지역 교회를 세우셨습니다. 그러나 오늘날 선교사 파송의 모든 측면에 대한 전문지식을 갖춘 지역 교회는 많지 않습니다. 그러므로 교회는 선교 단체와 기관의 선교 전문가들과 어떻게 협력하고 그들을 신뢰할 수 있는지 이해해야 합니다. 이러한 선교 단체는 전 세계의 안보 상황 및 문화 환경에서 역량을 개발하여 각 환경에서 적절한 선교 전략을 연구합니다. 이러한 협력 관계에서 선교 단체, 교회, 선교사 팀, 선교사는 각자의 관점을 존중하고 선교에 대한 각자의 기여를 존중해야 합니다. 무엇보다도, 한 번도 복음을 들어본 적이 없는 사람들에게 복음을 전하기 위해 하나님 나라의 자원이 전해져야 한다는 것을 교회가 깨닫는 것이 중요합니다. 종종 선교 단체만이 오늘날까지 존재하는 수많은 미전도 종족에게 유일하게 관심을 두고 있을지 모릅니다.

교회가 선교 파송에 있어서 선교 단체와 협력하는 것의 가치를 이해하고 있듯이, 선교 단체는 교회 없이는 선교의 노력도 없다는 것을 인식해야 합니다. 선교사 배출과 선교사 후원은 모두 지역 교회 내에서 시작됩니다. 더욱이 SNS와 즉각적인 의사소통 방식의 시대에서 교회는 선교 활동에 훨씬 더 직접적으로 참여할 수 있게 되었습니다. 향상된 의사소통을 통해 오늘날의 선교사는 비전, 격려, 기도 지원 및 선교 동원을 파송 교회에 전달합니다.

선교 현장의 현실은 어느 한 구조에 맞지 않으며 시간이 지남에 따라 선교 사역이 발전하고 성숙되기 때문에 바뀔 수 있습니다. 부부 선교사의 사역으로 시작했다가 국제적인 여러 선교 단체와 성장하는 현지 교회의 협력 사역으로 발전할 수도 있습니다. 의사결정과 책임은 성숙해져 가며 각 단계에 따라 변할 것이고, 희망하는 것은 현지 교회가 모든 책임을 감당할 단계까지 성장하는 것입니다. 그리하여 현지 교회 지도자가 현지 교회를 위임 받고, 지상대사명을 감당하는 건강한 교회가 되는 것이 목표입니다.

생산적인 동역 관계

필리핀에는 다섯개의 침례교 교단이 7,000개 이상의 섬에 퍼져 있습니다. 이러한 분리된 교단은 지리적으로 지역 간 소통과 여행이 어려웠던 시기에 형성되었으며, 각 지역의 교회를 조직하고 지원하기 위해 결성되었습니다. 신학교 및 전국 여성 선교사 연합과 같은 침례교 기관과 침례교 교단은 수년 동안 선교에 관심을 가져왔으며 선교사를 다른 나라로 보내기 위한 몇 가지 성공적인 시도를 했습니다.

그리고 교단은 서양 선교사들이 접근하기 어려운 곳까지 선교 파송을 획기적으로 늘릴 수 있는 통로를 발견했습니다. 그것은 필리핀의 경제 상황으로 인해 전 세계에 복음을 전할 수 있는 것이었습니다. 필리핀의 높은 실업률 때문에 수백만 명의 필리핀 노동자들이 고용 기회와 더 높은 임금을 위해 매년 고국을 떠납니다. 이들은 대개 유모와 청소부와 같은 가사 노동자, 간호사 또는 종업원으로 일합니다. 이들은 대부분은 아시아나 중동에 있습니다. 따라서 필리핀의 교회와 교단은 전통적인 교회 지원뿐만 아니라 해외에 선교사를 파송해야 하는 상황이 되었습니다.

이러한 선교 사역을 협력하기 위해 다섯개 교단은 함께 OSB(One Sending Body)라는 선교 기관을 설립했습니다. 그들은 이 기관이 선교사 훈련 계획을 수립하고 선교사를 전략적 위치에 배치하는 것을 포함하여 '텐트 메이커' 선교사를 파송하는 것에 동의했습니다. 그들은 다섯 개 교단과 교회들이 지상대사명을 위한 노력에서 함께 협력함으로써 얻을 수 있는 장점을 알고 있었습니다.

한 신학교에서 선교사 훈련 장소를 제공했습니다. 8단계 상담 팀으로서 우리는 OSB 이사회 멤버들, 필리핀 지도자들, 선교사들을 위한 워크숍을 이끌었고, 그들은 다양한 교단 내의 목사와 교회 리더십들과 8단계 자료를 공유했습니다. 교단은 이제 OSB와 협력하여 어디로 선교사를 보낼지, 어떻게 선교사 평가 계획을 향상할지, 어떻게 5개 교단 내 교회들을 선교에 동원하는지 최선의 방법을 파악하고 교회들이 타문화 선교사를 파송하는데 어떻게 역할을 하고, 이바지할 수 있는지를 도울 수 있게 되었습니다.

함께 일하는 법 배우기

다시 말라카니 종족에서 사역하는 스미스 가족의 상황으로 돌아가 봅시다. 시간이 지나고 결국 선교사, 파송 교회, 선교 단체는 그 상황에 관해 대화하고 화해하고 함께 좋은 방향을 만들 수 있었습니다. 그 과정에서 각 당사자는 의사결정에 대한 본인의 의견을 명확히 하는 시간을 가졌고, 현장에서 선교사들의 사역을 방해하지 않으면서 의사

7단계: 동역자 계발

결정 하는 과정을 정했습니다. 또한 선교 단체는 비자를 위한 관광 업체 리더십 문제를 해결했으며 궁극적으로 스미스 가족은 말라카니 종족 사역을 다시 할 수 있었습니다. 갈등이 발생하더라도 모든 당사자가 마태복음 18장에 있는 원칙을 받아들인다면 성경 말씀은 상황을 해결하게 합니다.

동역 관계로 일하는 것은 한 국가와 문화의 교회와 선교 단체 간의 협력 그 이상입니다. 북미 교회와 선교 단체가 여러 나라에서 온 사람들과 동역 관계를 맺는 것이 앞으로 몇 년 동안 점점 더 중요해질 것입니다. 여러 문화가 섞인 팀이 많아짐에 따라 이 팀들이 잘 운영되도록 하는 도전들이 발생할 것입니다. 다양한 문화적 관점은 의사결정, 책임감, 리더십, 자원 사용과 같은 주요 문제에 영향을 미칠 수 있습니다.

이러한 문화적 관점과 상황은 많은 영역에 영향을 미칠 수 있습니다. 예를 들어, 다수 세계의 동역자들은 신뢰를 기반으로 하는 관계를 매우 중요하게 생각합니다. 북미 파트너는 동역 관계의 세부 사항이 명확하게 명시되고 양 당사자가 서명한 서면 계약을 매우 중요하게 생각합니다. 재정과 관련하여, 대개 다수 세계의 현지 선교 동역자는 선교 활동에 참여하기 위해 크게 희생해야 하지만 북미 동역자는 종종 풍요로운 위치에서 참여합니다. 이를 측정할 때 평등한 기여가 아니라, 재정 기여를 얼마 했든지 평등한 희생이 있어야 합니다. 가부장주의, 의존성, 지속 가능성, 재생산성은 고려해야 할 문제입니다. 북미와 다수 세계의 현지 선교 동역자는 각자가 선교에 영향을 주는 가치를 인정하고 겸손하게 서로에게 존중해야 합니다. 이제 서양이 아닌 여러 나라에서 복음주의 선교사들이 많이 배출되기 때문에 북미 교회와 선교 단체는 이러한 동역자들을 섬기는 역할을 하게 된다는 것이 무엇을 의미하는지 알아야 하고, 선교 파송에서 자신의 역할을 재정의해야 할 것입니다. 북미 교회와 선교 단체는 최전방에서 선교하는 것 외에도 선교를 독려하고, 조언하고, 격려하는 것으로 그 역할을 옮겨야 할 수도 있습니다.[14]

많은 나라의 교회들이 권한, 책임감, 협력의 문제를 헤쳐 나가는 방법을 배우고 협력적인 선교 파송의 장점을 발견하고 있습니다. 이 노력을 극대화하기 위해 상호 책임과 상호 의존의 구조를 개발해야 합니다. 이것은 처음부터 상당한 노력이 필요하지만, 성령님의 인도 아래 협력하며 전진할 때 하나님 나라의 많은 열매를 거둘 것입니다.

지상대사명은 지역과 규모에 관계없이 그리스도의 모든 교회에 주어졌습니다. 한 번도 복음을 들어본 적이 없는 사람들에게 복음을 나누면서 각자의 선교 사역이 주는

참고: 이 장의 자료는 다음 자료에서 발췌했습니다. 칼튼 밴다그리프,* "선교 현장에서 진행 중인 관계" 누구를 보내야 할까요?(Whom Shall We Send?) 안의 내용. 선교사 파송의 본질 이해하기 (Understanding the Essentials of Sending Missionaries), 조엘 서튼 (리치먼드, VA: IMB, 2016), 253-260.

14 폴 보스윅은 '동역 관계에서의 평등(Partnership Equality)'에서 동역 관계, 섬김, 희생을 주제로 논의합니다. 국제 선교에 있어서 서구 기독교인: 북미 교회의 역할은 무엇인가? (다우너스 그로브(Downers Grove), IL: InterVarsity 출판, 2012), 149-156.

가치를 인식하고 서로를 섬기는 태도를 길러야 합니다. 이것은 이전에 통제 및 권위의 위치에서 사역하던 북미 출신 동역자가 다수 세계의 동역자들의 리더십에 복종하는 위치로 이동함에 따라 가장 큰 도전이 될 수 있습니다.

결 론

세계 인구는 80억 명에 가까워지고 있습니다. 각 나라들은 기독교, 특히 예수님을 통해서만 구원받는다고 말하는 복음주의자들에게 점점 더 적대적이 되어가고 있습니다. 이 책을 집필할 당시만 해도 3,000개 이상의 미전도 종족이 아직 남아 있습니다. 세계의 도시들은 난민, 이민자, 더 나은 삶을 추구하는 사람들로 인해 기하급수적으로 성장하고 있습니다. 이들 대부분은 예수 그리스도의 복음을 거의 들어본 적이 없습니다. 지상대사명은 막중한 임무입니다. 우리와 교회는 어떻게 이들에게 복음을 전할 수 있습니까?

　8단계부터 시작하는 '선교지'는 매우 중요합니다. 우리의 노력은 미전도 종족과 지역에서 선교 사역을 효과적으로 실행하는 방향으로 향해야 합니다. 우리는 선교 사역을 강조할 때 대부분 마태복음 28장의 마지막 부분에 나오는 지상대사명을 인용하지만, 때때로 우리는 예수님께서 제자들에게 명령하실 때 말씀하신 두 가지 핵심 구절을 간과하기 쉽습니다. 지상대사명은 "하늘과 땅의 모든 권세를 내게 주셨으니"(마태복음 28:18)라는 예수님의 말씀으로 시작됩니다. 엄청난 구절입니다. 일부의 권세가 아니라 모든 권세입니다. 그것은 예수님이 우리가 사는 이 세상 전체를 다스리고 계신다는 것을 의미합니다. 지상에 계시는 동안 예수님은 기적을 통해 이 능력을 보여 주셨으며, 제자들이 두려워했을 때 바다의 폭풍을 잠잠하게 하는 기적도 행하셨습니다(마태복음 8:23-27). 제자들은 바람과 바다도 순종하는 것을 놀랍게 여겼습니다. 마찬가지로 오늘날에도 우리의 선교를 둘러싼 다양한 위기가 있습니다.

　예수님의 두 번째 핵심 구절은 마태복음에서 지상대사명을 어떻게 결론지었는지입니다. "…내가 세상 끝날까지 너희와 항상 함께 있으리라 하시니라"(마태복음 28:20). 이것은 우리의 조력자 곧 보혜사 성령님이 우리를 도우러 오셨기 때문에 그분은 결코 우리를 버리지 않으신다는 것을 의미합니다(요한복음 16:7). 이것은 우리에게 큰 힘을 주는 구절입니다. 만물을 다스리는 전능하신 예수님께서 우리와 함께 하시고 도와주시겠다고 약속하셨습니다. 우리가 해야 할 일은 "모든 민족을 제자로 삼아… 내가 너희에게 분부한 모든 것을 가르쳐 지키게 하라"입니다.

　때때로 우리는 그 과정에서 우리의 역할을 혼동합니다. 한 선교사는 현장에서 매우 힘든 시기를 보낸 후 이렇게 말했습니다. "사역의 열매를 보려고 선교지에 갔습니다. 하지만 열매가 안 나오면 선교를 계속 못 할 것 같아요." 사역 열매의 부족으로 낙담할 수 있지만, 각 그리스도인은 해야 할 중요한 역할을 가지고 있습니다. 로마서 10장 14-15절에서 바울은 이렇게 묻습니다. "그런즉 그들이 믿지 아니하는 이를 어찌 부르리요 듣지도 못한 이를 어찌 믿으리요 전파하는 자가 없이 어찌 들으리요 보내심을 받지 아니하였으면 어찌 전파하리요 ..." 그래서 선교 파송과 전도의 사역은 세상을 복음화하는 과정에서 매우 중요합니다. 하지만 영적인 결과물은 우리 손에 달리지 않습니다. 고린도전서 3장 6절에서 사도 바울은 자신이 복음의 씨를 뿌렸고 아볼로가 그 씨에 물을 주었을 때 자라게 하신 분은 하나님이심을 인정합니다. 우리의 노력도 마찬가지입니다. 우리는 해야 할 역할이 있고 우리가 할 수 있는 한 최선을 다해 그 역할을 충실히 수행해야 합니다. 우리가 보는 모든 영적인 열매는 하나님과 그분의 역사로부터 나오는 것입니다.

우리는 사역의 적은 결과 때문에 낙담한 이 선교사에게 도전해야 합니다. 문제는 하나님께서 그를 어떤 장소와 사역으로 부르셨다면, 선교사는 성령의 인도하심을 따르기 위해 순종하면서 그 부르심을 받아들여야 한다는 것입니다. 열매가 있느냐 없느냐는 하나님께 달려 있습니다. 우리는 그 열매에 대해 책임이 없지만, 그의 부르심에 충실할 것과 그가 인도하시는 곳마다 순종해야 할 책임이 있습니다. 그것은 우리가 우리의 방법과 전략을 신중하게 평가하지 않겠다는 것을 의미하지는 않지만, 사역의 열매는 우리의 손에 달려있지 않다는 말입니다. 우리는 결과를 하나님께 맡겨야 합니다.

많은 영혼들에게 복음을 전해야 하는 큰 과업이 남아 있음을 고려할 때, 우리는 열방에 복음을 전하는 이 과업을 위해 하나님께서 제공하신 모든 자원을 인식해야 합니다. 하나님은 부유한 북미 교회에서 공산주의 국가의 박해 받는 교회에 이르기까지 다양한 형태와 규모로 전 세계에 교회를 일으키고 있습니다. 가장 가난한 나라에 있는 교회들조차 선교에 대한 하나님의 부르심을 이해하고 있습니다. 교회가 하나님의 말씀을 읽을 때, 성령님은 그들이 선교 사명에 순종하도록 감동하게 하실 것입니다. 그들이 믿음으로 나설 때, 하나님은 그들에게 하나님의 뜻을 이룰 수 있는 길을 마련해 주심으로써 약속을 성취하십니다. 빈곤한 국가의 교회와 선교 단체 또는 억압적인 정부의 박해를 받는 기독교인들이 복음을 전할 선교사를 파송할 창의적인 방법을 찾고 있는 것들이 우리 모두를 격려합니다. 마태복음 24장 14절의 "이 천국 복음이 모든 민족에게 증언되기 위하여 온 세상에 전파되리니 그제야 끝이 오리라"는 비전이 바로 우리 눈앞에서 참으로 이루어지고 있습니다. 그리고 하나님은 목적을 성취하시는 것입니다. 교회의 역할은 하나님이 주신 부르심을 온전히 받아들이도록 순종하는 것입니다.

그렇다면 이 8단계가 어떻게 도움이 될까요? 계속 지상대사명 속에서 우리의 역할을 아는 것이 중요합니다. 이것은 단순히 복음을 전하는 일 그 이상입니다. 선교는 온 교회가 참여해야 하며 온 세상에 복음을 전하고자 하는 마음을 가지고, 목회자와 지역

결론

교회로부터 선교지로 가는 다리를 세우는 것입니다. 여기에 우리가 하는 선교에 대한 모든 것이 포함됩니다. 우리는 모든 민족과 지역에 건강하게 배가하는 교회를 세우는 데 모든 노력을 집중해야 합니다. 그래야 그들이 지상대사명에 참여하라는 하나님의 부르심을 온전히 받아들일 수 있습니다.

지속적인 선교에는 세계 각지에 있는 모든 교회가 포함될 것입니다. 하나님께서 교회를 부르시고 교회는 응답하고 있습니다. 교회는 하나가 되어 함께 일해야 합니다. 북미 교회는 남미 교회와 협력하여 그 과업을 완수해야 합니다. 아프리카 교회는 아시아 교회와 함께 일해야 하며, 우리는 계속해서 함께 나아갈 것입니다. 각 지역 교회는 고유한 소명을 인식하고 그 소명에 충실할 것이지만, 우리는 모두 이 거대한 선교를 준비하고, 촉진하고, 도전하고, 협력해야 하는 역할이 있습니다. 모든 교회는 성취해야 할 일이 있고 우리는 하나님께서 우리에게 하라고 부르신 모든 것을 성취하기 위해 서로 협력해야 합니다.

지속적인 선교는 또한 현장에서 건강한 선교사를 유지하는 것을 말합니다. 우리는 선교사가 현장에서 사역을 계속하는데 걸림돌이 되는 문제를 해결하기 위해 8단계 과정을 만들었습니다. 선교지에서 성육신적인 증인으로 있는 것은 세상 사람들에게 복음을 전하시려는 하나님 계획의 핵심입니다. 앞서 로마서 10장에서 언급했듯이 선교 현장에는 설교자 또는 복음 선포자가 있어야 하며 이를 위해 선교사가 파송되어야 합니다. 그래서 교회의 중요한 책임은 선교사를 파송하고, 선교사가 선교지에서 지속해서 머물도록 돕는 것입니다.

이것은 쉽지도 간단하지도 않은 일입니다. 그러나 그것은 옳은 일입니다. 이 책 '지속적인 선교를 위한 여덟 단계'를 통해서 세계 각지의 교회, 선교 단체와 선교사들이 자신의 위치를 돌아보고, 하나님의 마음이 있는 선교지를 향해 구체적인 선교 계획을 세우고 실천하는 것에 도움이 되고 격려하는 것이 우리의 기도 제목입니다. 이사야 46장 10절에서 선지자는 어려운 시기에 이스라엘 자손을 지켜 주신 하나님의 약속에 대해 이렇게 말합니다 "...나의 뜻이 설 것이니 내가 나의 모든 기뻐하는 것을 이루리라." 이 구절은 예수님을 따르는 모든 사람에게 힘을 줍니다. 왜냐하면 우리는 승리할 것이기 때문입니다. 우리 구주 예수 그리스도께서 세상을 구원하는 일에 우리를 동참하도록 초대하셨다는 것을 기억하고, 이 놀라운 일을 함께하기로 약속합시다. 이것보다 더 중요한 일은 없습니다.

할 커닝햄, 교육학 박사.
아만다 딤페리오 데이비스, 목회학 박사.

저자 소개

미남침례회 국제선교부 (IMB)의 국제 사역부서 부총재(Associate Vice President for Global Engagement)인 할 커닝햄은 37년 동안 IMB에서 섬겼습니다. 그는 디아스포라 선교 사역 전략, 전 세계 연구, 세계화 분야에서 사역하고 있습니다. 그와 그의 아내 신씨아(Cynthia)는 브라질에서 선교사로 2년, 동아시아에서 23년 사역했습니다. 선교지에서는 교회 개척, 행정, 교육 및 교회 지도자 훈련을 했습니다. 미국 IMB에서 그는 현재 직책을 맡기 전에 8년 동안 선교사 인사 평가 및 배치 계획을 이끌었습니다.

할은 텍사스 A&M 커머스 대학교에서 농업 교육 및 생물학 학사 학위, 교육 행정 및 화학 석사 학위, 북텍사스 대학교에서 교육 행정 및 인지 교육 박사 학위를 받았습니다. 그는 또한 사우스웨스턴 침례신학교 신학대학원에서 공부했으며 현재 그곳에서 겸임 선교 교수로 섬기고 있습니다. '누구를 보내야 할까? (Whom Shall We Send?)'의 기고 작가입니다. 이 책은 선교사를 양성하고 파송하는 과정을 정리한 책입니다.

커닝햄 부부는 46년 동안 결혼 생활을 했으며 아들 1명과 손주 2명이 있습니다.

국제선교부(IMB)에서 세계화 담당자(Director of Globalization)인 아만다 딤페리오 데이비스는 20년 동안 IMB에서 섬겼습니다. 독신 선교사로서 그녀는 멕시코, 볼리비아, 페루, 콜롬비아에서 교회 개척자이자 미디어 선교사로 봉사했습니다. 그녀는 버밍엄에 있는 앨라배마 대학교에서 매스 미디어 및 방송 커뮤니케이션 학사 학위를 취득하고 사우스웨스턴 침례신학교 신학대학원에서 성서 언어로 신학 석사 학위를 받았습니다. 아만다는 또한 과학 준학사 학위를 취득한 ASCP 등록 의료 실험실 과학자입니다. 그녀는 최근 미드웨스턴 침례신학교 신학대학원에서 기독교 리더십 목회학 박사 학위를 받았습니다. 아만다는 현재 사우스웨스턴 침례신학교 신학대학원에서 영어와 스페인어를 가르치는 겸임 선교 교수로 섬기고 있습니다.

그녀는 최근 IMB에서 함께 섬기고 있는 D. 레이 데이비스와 결혼했습니다.

부 록

교회와 선교사를 위한 성경 공부

1 과

선교의 소명

타문화 선교로의 부르심은 단순한 사건 이상입니다. 그것은 하나님께서 당신의 종들에게 하시는 "부르심"입니다. 1번 단계에서 7번 단계로 진행되는 아래의 7가지 단계의 관점은 여러분의 소명을 확실히 하는 데 도움이 됩니다.

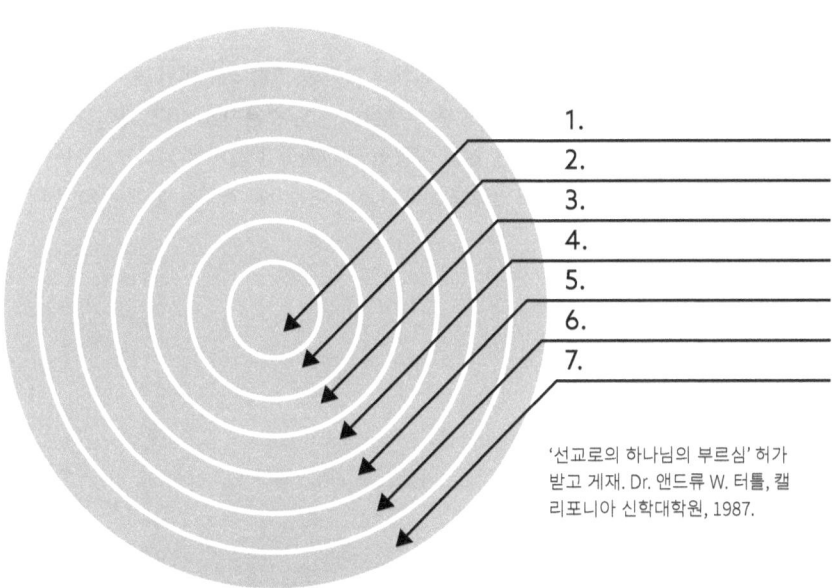

'선교로의 하나님의 부르심' 허가 받고 게재. Dr. 앤드류 W. 터틀, 캘리포니아 신학대학원, 1987.

지속적인 선교를 위한 여덟 단계

1. 예수 그리스도 안에서 구원으로 부르심을 받아 믿음과 회개로 응답하였음을 확인합니다(롬 3:23, 롬 6:23, 요 3:16, 17, 요 1:12).

2. 다른 사람들을 그리스도께 인도하는 화목케 하는 사역으로의 부르심을 받았습니다(고후 5:17-19).

3. 지역 교회에서 봉사하도록 부르심을 받았습니다. (롬 12:4, 롬 12:6-8, 고전 12:4-6, 고전 12:27-31).

4. 타문화 선교(엡 4:11, 12)로의 부르심을 받아 "선교사는 누구인가?"라는 질문에 답합니다.

5. 미전도 종족에게 복음을 전하고, 가정과 익숙한 문화를 떠나 복음을 위해 문화적 장벽을 뛰어 넘습니다. (롬 10:11-15, 요 20:21, 행 1:8).

6. 지역 교회로부터 확증을 받았습니다. (롬 10:11-15, 행 13:1-3).

7. 남편과 아내가 부르심에 조화를 이루고 함께 합니다. (엡 5:21-33).

요약

하나님의 부르심은 모든 신자의 삶에서 분명해야 하지만 그렇다고 해서 모든 신자가 가족과 집을 떠나 타문화 선교사가 되도록 부르심을 받는 것은 아닙니다. 그러므로 타문화 선교사로 섬기라는 부르심은 삶의 상황적인 단계와 주님께서 섬기게 하시는 곳에 영향을 미칠 수 있는 다른 요인들을 고려하면서 이 7가지 사항을 통해 주의 깊게 평가되어야 합니다.

모든 신자는 다음과 같은 기본 범주로 부르심을 받습니다.

1. 구원으로의 부르심
주님의 은혜에 대해 믿음과 회개로 응답합니다.

2. 선교로의 부르심
본질적으로 그리스도의 제자이자 제자 삼는 사람으로 부르심을 받았습니다.

3. 맡은 자리로 부르심
삶의 다양한 현장에서 우리는 부모가 되거나 결혼하거나 독신이 되는 것과 같은 일상생활의 현실 속에서 주님을 섬기는 부르심을 받습니다.

4. 섬김으로 부르심
하나님은 각 신자에게 지역 교회를 섬기도록 은사를 주셨습니다. 이 은사가 다 같지는 않지만, 자신의 영적인 은사를 알고 그 은사를 교회를 섬기는 데 사용해야 합니다.

2 과

타문화 선교 명령

사도행전 10장

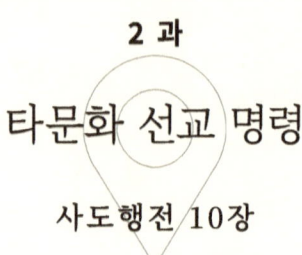

1부: 하나님께서 고넬료를 예비하시다 - 행 10:1-8

고넬료는 누구입니까? (1-2절)

고넬료의 기도에 하나님은 어떻게 응답하십니까? (3-6절)

고넬료는 천사를 만난 후 무엇을 했습니까? (7-8절)

2부: 하나님께서 베드로를 예비하시다 - 행 10:9-16

이 구절은 베드로에 대해 어떻게 말하고 있습니까?

베드로가 보자기에 담긴 동물을 먹는 것에는 어떤 문제가 있었습니까?

부록

베드로는 왜 같은 환상을 세 번이나 봤습니까?

3부: 베드로가 가이사랴로 고넬료를 만나러 가다 - 행 10:17-23

베드로는 사람들이 하나님께로부터 온 사람임을 깨닫고 하룻밤 유숙하라고 권합니다. (23절)

베드로는 이튿날 유숙한 사람들과 갔습니다. 이때 다른 신자들도 함께 갑니다. (23절)

고넬료는 오해하여 베드로에게 절합니다. (25-26절)

고넬료와 베드로는 그들의 특이한 경험을 설명합니다. (28-33절)

4부: 베드로가 복음을 전하다 - 행 10:34-43

베드로는 자신이 배운 새로운 진리를 설명합니다. (34-35절)

베드로는 예수님에 관해 이야기하고 그분을 통해서만 죄의 용서가 있다고 말했습니다. (35-43절)

5부: 성령께서 그들에게 내려오시다 - 행 10:44-48

성령이 베드로와 다른 사람들에게 증거로 그들에게 임하십니다. (44-46절)

베드로는 이 새로운 신자들이 침례를 받아야 한다고 결정합니다. (47절)

베드로는 아마도 새로운 신자들을 제자로 삼기 위해 그곳에 며칠 머물렀을 것입니다. (48절)

결론

사도행전 10장에서 우리는 타문화 선교에 대해 무엇을 배울 수 있습니까?

사도행전 10장에서 성육신적 선교에 대해 무엇을 배울 수 있습니까?

이 장이 타문화 선교 사역을 준비하기 위해 당신에게 어떤 도움이 되었습니까?

부록

3과

선교사의 성품

로마서 12장 3-21절

로마서 12장 3-8절을 검토하십시오.
우리는 교회 안에서 서로 의존하며, 그리스도의 몸을 세우는 일을 합니다.

파트 A
9-21절을 읽으십시오. 왼쪽 열에 따라야 할 명령을 작성하십시오. 오른쪽 열에 이러한 명령을 따르지 않을 경우의 결과를 적으십시오.

따라야 할 명령	명령을 따르지 않을 경우의 결과
예: 거짓 없는 사랑(9절)	관계에서 편애하기

지속적인 선교를 위한 여덟 단계

파트 B: 빌립보서 2장 1-5절을 읽으십시오.

로마서 12장에 있는 내용은 바울이 빌립보 사람들에게 보낸 편지 빌립보서 2장 1-5절과 어떻게 비교됩니까?

베드로는 사도행전 10장에서 고넬료와 대화하면서 이 원칙을 어떻게 실천했습니까?

자기 삶을 돌아보십시오. 로마서 12장 9-21절의 가르침을 소홀히 하려는 영역이 있습니까?

부록

4과

선교사의 삶

마태복음 8장 18-27절

도입

때때로 사람들은 기독교인의 삶을 모든 것이 계획대로 진행되는 이색적인 모험으로 봅니다. 반대로, 타문화 선교사가 되는 과정에서 예수님을 따르는 것은 도전적인 여러 문제를 직면하는 삶입니다. 마태복음 8장 18-27절에서 예수님은 사람들에게 자신을 따르라고 부르셨습니다. 많은 사람이 기꺼이 그렇게 할 의향을 나타냈지만, 예수님과 그들의 대화는 그들의 헌신과 동기를 시험했습니다. 오늘날 우리도 스스로 같은 질문을 해야 합니다.

1부: 서기관과 친숙한 것들 – 마 8:18-20

예수님의 대답은 왜 우리가 서기관이 기꺼이 희생하지 않을 것으로 의심하게 합니까?

20절에서 거처에 대한 예수님의 말씀은 무슨 의미입니까?

주님께서 다른 장소에서 섬기라고 부르실 때, 당신은 삶 속에서 포기하기 힘든 안정감을 누리는 것이나 사치가 있습니까?

2부: 제자와 그의 가족 – 마 8:21-22

21절에 나오는 제자의 요구가 합당한 것이었습니까?

예수님은 왜 그 질문에 대해 이렇게 단호한 대답을 하셨을까요?

예수님의 부르심을 따르는 것이 가족 관계에 어떤 영향을 미칠 수 있습니까?

3부: 제자와 폭풍 - 마 8:23-27

제자들은 왜 폭풍우에 그토록 놀랐습니까?

제자들이 옳게 행동한 것은 무엇입니까?

왜 예수님은 26절에서 그들의 믿음에 도전하셨습니까?

예수님은 이 경험을 통해 제자들에게 어떤 교훈을 가르치려고 하셨습니까?

부록

5과

선교사의 사역

디모데후서 2장 1-3절; 사도행전 18장 18-27절

파트 1: 디모데를 위한 바울의 지시 - 딤후 2:1-3

바울이 미전도 지역을 선교하면서 교회를 세우는 전략의 기초는 무엇입니까?

2부: 바울의 아굴라와 브리스길라 훈련 - 행 18:18-27

성경 본문은 무엇을 말하고 있습니까? 부분별로 무슨 일이 있었는지 간략하게 정리해봅니다.

- 이동 중인 바울 - 18절

- 그들이 에베소에 도착함 - 19-20절

- 바울이 다른 곳을 방문함 - 22-23절

- 아굴라와 브리스길라가 문제에 직면함, 아볼로 - 24-26절

- 그들의 노력의 결과 - 27-28절

3부: 바울의 전략 실행

디모데후서 2장 2절에 나오는 바울의 지시와 사도행전 18장 18-27절에서 바울이 한 일 사이에는 어떤 관계가 있습니까?

선교사들은 바울의 지시와 행동에서 어떤 교훈이나 적용점을 배울 수 있습니까?

지역 교회 목사의 사역과 타문화 선교사의 사역의 차이점은 무엇입니까?

www.ingramcontent.com/pod-product-compliance
Lightning Source LLC
Chambersburg PA
CBHW020542080526
44583CB00013B/959